JN416174

소망의 복음,

요한계시록

(주)죠이북스는 그리스도를 대신한 사신으로
문서를 통한 지상 명령 성취와 하나님 나라 확장을 위해 노력합니다.

소망의 복음, 요한계시록
© 2018 조영민

이 책의 저작권은 저자와 (주)죠이북스에 있습니다. 신 저작권법에 의하여 한국 내에서 보호받는 저작물이므로 무단 전재와 무단 복제를 금합니다.

소망의 복음, 요한계시록

조영민 지음

죠이북스

차례

들어가는 글

제가 요한계시록을 처음 강의하기 시작한 것은 10년 전이었습니다. 제가 섬겼던 청년 공동체에 필요했기 때문입니다. 어느 날 교회 밖에서 성경을 공부한다는 한 청년을 상담했습니다. 그가 교회 밖에서 새롭게 배웠다는 내용 대부분이 계시록과 관련된 것이었습니다. 청년은 지도 목사인 제게 자신 있게 말했습니다. “기존 교회 목사님들은 계시록에 대해 전혀 모른다면서요.” 저는 청년에게 “여름 방학 시작하면 계시록 전체를 강의하는 모임을 만들테니 그 반에 꼭 들어와 들어라. 교회 목사도 계시록 강의할 수 있고 설교할 수 있단다.” 그리고 두 달 후에 계시록 강의를 시작했습니다.

지금은 좋은 번역서와 자료도 많고, 국내 저자들이 쓴 훌륭한 책도 많아 마음만 먹으면 어느 곳에서든 쉽게 자료를 찾을 수 있지만, 당시 제가 강의를 준비할 때는 다양한 자료를 접할 수 없었습니다. 당시에는 이필찬 교수님의 《요한계시록 어떻게 읽을 것인가》(성서유니온)가 그나마 가장 쉽게 쓰인 연구서였기에 그 책을 토대로 하고, 이

우제 교수님이 진행하던 두란노 바이블 칼리지의 동영상 강의를 반복해서 들으면서 강의를 준비했습니다. 오랫동안 성경을 귀납적으로 연구하여 설교했지만 계시록은 공부해 본 적이 없었습니다. 하지만 계시록을 살펴보면서 오르지 못할 산은 아니라고 확신했습니다. 백석대에서 설교학을 가르치시는 이우제 교수님은 두란노 HOW 주석 중《요한계시록 어떻게 설교할 것인가》3장에서 요한계시록을 바르게 읽고 설교하기 위한 길을 세 가지로 제시합니다. "소망을 주는 책으로 설교하라. 종말의 주관자를 말해 주는 책으로 설교하라. 복음을 주 메시지로 설교하라." 요한계시록은 다른 65권의 성경과 전혀 다른 메시지를 전하기 위해 쓰인 특별한 책이 아닙니다. 계시록을 강의하는 동안, '소망, 그리스도, 복음'은 초대 교회 성도들에게 그랬듯이 오늘날 우리에게도 동일한 해석과 적용을 할 수 있는 가이드가 되었습니다.

이렇게 말씀을 준비하고 나누는 과정은 상담했던 청년뿐 아니라 다른 청년들에게도 유익한 시간이었습니다. 10주 강의를 마친 후, 교회를 향한 명령이 있는 본문을 중심으로 예배 때마다 설교했습니다. 공동체가 계시록 말씀이 주는 위로를 경험하며 감격했습니다. 계시록은 현대를 사는 사람들에게 강력하고 구체적인 메시지를 들려주었습니다. 또한 계시록은 닫혀 있는 책이 아니라 열린 책이며, 이 시대를 살아 가는 성도들이 읽어야 하는 책이라는 것을 확인하는 시간이었습니다.

계시록을 연구하고 강의하고 설교한 때로부터 10년이 지났습니다. 그동안 계시록에 대한 좋은 주석들이 번역되었고, 좋은 설교집들이 출간되었습니다. 계시록에 대한 첫사랑을 다시 생각나게 하는 좋은 책들을 접하면 고마운 마음이 들기도 했습니다. 또한 이 귀한 책들을 통해 이제는 더 이상 이전처럼 계시록이 곡해되지 않을 거라는 생각을 한 적도 있습니다. 그러나 시간이 지나면서 이런 좋은 책들이 기대만큼 성도들의 손에 들려 읽히지 않는다는 것을 알았습니다. 여전히 계시록은 성도들에게 다가가기 어려운 책으로 인식되고 있었습니다. 그 이유는 계시록 자체가 방대할 뿐 아니라 많은 저자가 그 방대한 내용을 너무 상세하고 어렵게 해석하고 설명해서입니다.

저는 성도들이 좀 더 쉽게 계시록의 메시지를 읽을 수 있어야 한다고 생각했습니다. 계시록 본문을 전부 상세히 다루는 것은 교회 일정상 현실적으로 어려웠고, 그렇다고 해서 자세하고 정확한 설명 없이 넘어가기에는 곡해될 요소가 많았습니다. 결국 제가 선택한 것은 계시록 전체를 다 전하는 것보다 교회 공동체를 향한 메시지를 전하는 본문을 선별해서 바른 해석과 적용 원칙을 보여 주는 것이었습니다. 그래서 계시록에 있는 '교회를 향한 메시지'를 열한 편으로 묶었습니다.

계시록은 절대 두려운 책이 아닙니다. 온통 수수께끼로 가득한 비밀의 책도 아닙니다. 계시록은 고난 가운데 있는 성도들에게 소망을 주었던 책입니다. 이 책을 읽으며 성도는 오실 그리스도를 기대하고 주님과 함께 누릴 영원한 생명을 소망할 수 있습니다. 그 소망은 성도가 어두운 현실을 견딜 수 있도록 합니다. 계시록은 기쁨의 책이며, 성도에게 열린 책입니다. 이 책은 과거의 성도에게든 현재의 성도에게든 동일한 메시지를 전합니다. 이 책을 읽는 동안 성도는 소망을 볼 것입니다. 오실 그리스도를 기대하게 될 것입니다. 그분께 우리의 삶을 의탁할 것입니다. 교회의 영광스러움의 회복과 그 다가올 나라에 대한 소망을 갖게 될 것입니다. 계시록이 원래 그런 책이었으니 말입니다. 이 책《소망의 복음, 요한계시록》이 우리로 하여금 계시록을 펼치게 하며, 그 안에서 말하는 소망을 경험하게 하는 데 쓰임 받기를 기도합니다.

조영민(나눔교회 담임 목사)

1장

우리 안에 서신 그리스도

[1]예수 그리스도의 계시라 이는 하나님이 그에게 주사 반드시 속
히 일어날 일들을 그 종들에게 보이시려고 그의 천사를 그 종 요
한에게 보내어 알게 하신 것이라 [2]요한은 하나님의 말씀과 예수
그리스도의 증거 곧 자기가 본 것을 다 증언하였느니라 [3]이 예
언의 말씀을 읽는 자와 듣는 자와 그 가운데에 기록한 것을 지
키는 자는 복이 있나니 때가 가까움이라 [4]요한은 아시아에 있
는 일곱 교회에 편지하노니 이제도 계시고 전에도 계셨고 장차
오실 이와 그의 보좌 앞에 있는 일곱 영과 [5]또 충성된 증인으로
죽은 자들 가운데에서 먼저 나시고 땅의 임금들의 머리가 되신
예수 그리스도로 말미암아 은혜와 평강이 너희에게 있기를 원
하노라 우리를 사랑하사 그의 피로 우리 죄에서 우리를 해방하
시고 [6]그의 아버지 하나님을 위하여 우리를 나라와 제사장으로
삼으신 그에게 영광과 능력이 세세토록 있기를 원하노라 아멘 [7]볼
지어다 그가 구름을 타고 오시리라 각 사람의 눈이 그를 보겠

고 그를 찌른 자들도 볼 것이요 땅에 있는 모든 족속이 그로 말미암아 애곡하리니 그러하리라 아멘

요한계시록 1장 1–7절

요한계시록은 책 전체를 개관하는 머리말을 가지고 있습니다. 이번 장(章)은 바로 머리말과 관련된 내용입니다.

계시록을 읽으려는 사람들은 대체로 막막하다고 느낍니다. 읽다 보면 '도대체 무슨 말인지 모르겠다'고 할 만한 부분이 많을 뿐 아니라 계시록 외 다른 성경을 읽을 때는 겪지 않는 이질감을 느끼기 때문입니다. 목회자들도 계시록 2-3장의 소아시아 일곱 교회에 대한 설교만 할 뿐 그 다음에 나오는 묵시 내용들에 대해서는 설교하지 않아 계시록에 대한 성도들의 이질감은 더욱 깊어졌습니다. 계시록을 읽고 해석하는 것이 쉽지 않지만, 장르와 주제를 이해하면 그리 어려운 것도 아닙니다. 성경 전체의 큰 가르침이 무엇인지를 선명하게 기억하고 있다면 자신감을 가지고 이 책 속으로 뛰어들어 보십시오. 계시록도 성경의 큰 틀에서 벗어나지 않기 때문입니다.

계시록을 어렵다고 느끼는 또 다른 이유는 '묵시'라는 장르가 우리에게 낯설기 때문입니다. 묵시는 비밀스러운 상징과 비유가 많다는 특징을 가지고 있습니다. 그래서 이러한 상징과 비유의 의미를 정확하게 파악하기란 쉽지 않습니다. 처음 묵시로 글이 쓰였을 때에는 독자 역시 저자와 동일한 시대 상황 속에 있었기 때문에 저자의 의도를 쉽게 이해할 수 있었습니다. 그런데 시간이 지나고 상황이 달라지면서 글에서 사용된 상징적 표현들이 어떤 대상을 가리키는지를 독자가 잘 알 수 없게 되었습니다. 그래서 묵시 장르는 그 시기와 상황을 모르면 잘 이해되지 않습니다. 그렇기 때문에 계시록에 쓰인 몇 가지 상징적 표현을 당시 상황에 따라 잘 정리하면 묵시 형식으로 쓰인 이 책을 어렵지 않게 이해할 수 있습니다. 하늘의 신비한 비밀을 담고 있어서 특별한 사람들만 풀 수 있는 책이 아니라, 생소한 장르로 기록되기는 했지만 적절한 도움만 있다면 충분히 오를 수 있는 산과 같습니다.

계시록을 읽어야 하는 이유

성경 66권은 하나님의 영감으로 기록된 정확무오한 주님의 말씀입니다. 계시록은 시기적으로 마지막에 기록된 성경입니다. 또 내용적으로도 '역사의 마지막'에 대한 부분이 들어 있습니다. 사도 요한은 계시록 1장 1절에 앞으로 쓸 모든 내용은 "예수 그리스도의 계시다"라고 선언하며 이 책의 중요성을 역설했습니다. 1-2절을 보겠습니다.

> 예수 그리스도의 계시라 이는 하나님이 그에게 주사 반드시 속히 일어날 일들을 그 종들에게 보이시려고 그의 천사를 그 종 요한에게 보내어 알게 하신 것이라 요한은 하나님의 말씀과 예수 그리스도의 증거 곧 자기가 본 것을 다 증언하였느니라

계시록의 모든 말씀을 하나님께서 직접 예수님에게 주셨고, 예수님은 천사를 통해 요한에게 알리셨습니다. 요한은 자신이 본 것을 문서로 기록하여 이 땅에서 고난 받는 성도들에게 전했습니다. 왜 이런 기록 과정을 설명하는 걸까요? 쉽게 말하면 "제발 이 책을 읽으라"는 당부입니다. 이 책의 내용은 매우 중요하기 때문에 절대로 모르고 지나가면 안 된다고 설득하기 위해 전달 과정을 자세히 설명합니다.

대다수 성도는 계시록을 잘 읽지도 않고 이해하려 하지도 않습니다. 계시록은 그저 무섭고 이해할 수 없는 책, 그리고 몇몇 암송 구절이면 족한 책으로 생각합니다. 이단들은 계시록을 가지고 거짓 교리를 만들어 사람들을 미혹합니다. 어떤 사이비 교주는 자신을 계시록에 있는 '일곱 영'으로 온 성령이라고 하고, 구름 타고 내려온 재림주라고도 합니다. 자신의 교리를 믿는 사람들 수가 14만 4천 명이 되면, 예수님이 재림하셔서 새로운 세계가 열린다고도 합니다. 이렇게 정통 교회에서는 들을 수 없는 거짓 해석으로 사람들의 마음을 빼앗습니다. 그래서 저는 몇 차례의 설교를 통해 계시록의 내용을, 특별히 성도의 정체성과 관련된 부분을 나누려 합니다. 계시록 전체를 다 정리하는 것은 아니지만, 이 책을 읽을 때 꼭 가져야 할 큰 그림과, 특별히 오늘날 교회와 성도에게 필요한 말씀을 선별해서 함께 나누려고 합니다. 이 기회를 통해 성경의 마지막 책이며, 가장 많은 오해를 받고 있는 계시록에 대한 바른 이해가 생기길 바랍니다.

계시록을 기록한 목적

3절은 이 책의 목적을 말합니다.

> 이 예언의 말씀을 읽는 자와 듣는 자와 그 가운데에 기록한 것을 지키는 자는 복이 있나니 때가 가까움이라

요한은 "이 예언의 말씀을 읽는 자와 듣는 자와 그 가운데에 기록한 것을 지키는 자"가 복 받기 원하는 마음으로 기록했습니다. 우리도 하나님의 복을 받으면 좋겠습니다. 그런데 요한은 노골적으로 이 예언의 말씀을 읽고 듣고 기록한 것을 지키는 자에게 복이 있다고 합니다. 그러니 우리가 함께 계시록을 배워야 할 이유가 분명해졌습니다. 하나님의 복이 이렇듯 분명히 약속되었다면 계시록을 아는 데 열심을 내는 것이 마땅합니다.

"이 예언의 말씀을 읽는 자와 듣는 자와 그 가운데에 기록한 것을 지키는 자는 복이 있[다]"(3절)라는 선언에 나온 '예언의 말씀'은 무슨 의미일까요? 우리가 일반적으로 생각하는 예언은 '앞으로 다가올 일을 미리 알거나 짐작하여 말하는 것'입니다. 예를 들면, "당신은 서른두 살에 결혼할 거야", "저 사람이 네 배우자가 될 거야", "당신은 내년까지 어려움을 겪고 해결될 거야"라는 식으로 미래의 일에 대해 말하는 것입니다. 우리는 이렇게 미래에 대해 말하는 기독교 예언자들을 주변에서 어렵지 않게 만날 수 있습니다. 그러나 3절에 나온 '예언의 말씀'을 우리가 생각하는 미래 일에 대한 말씀이라고 본다면, 읽고 듣는 것은 괜찮은데 지키는 것은 어떻게 해야 하는 것인지 문제가 생깁니다.

미래에 일어날 일을 우리가 어떻게 지킬 수 있습니까? 만약 누군가 제게 5년 후에 자동차 사고를 당할 거라고 예언했다고 합시다. 제가 이 예언을 읽고 듣는 것은 가능합니다. 그런데 이 예언을 어떻게 지켜야 합니까? 제가 차를 운전해야 할까요? 운전을 그만두어야 할까요? 5년 후에 자동차 사고가 난다고 했으니 그전까지는 사고가 없다는 것일까요? 5년 후라면 만 5년을 의미할까요? 5년부터 사고가 날 때까지 의미하는 것일까요? 도대체 예언의 말씀을 지킨다는 것이 뭔지 도무지 모르겠습니다.

"지키는 자는 복이 있나니"라고 했습니다. 지키지 못하면 약속된 복도 받지 못합니다. 만약 계시록에 나오는 예언의 말씀이 미래에 일어날 어떤 일에 대한 말이라면, 이 말씀은 우리에게 전혀 유익을 주지 못하는 불필요한 것이 됩니다. 이는 계시록에 나오는 '예언'을 우리가 아는 일반 상식대로 이해했기 때문입니다. 그래서 우리는 2,000년 전 계시록의 독자인 그리스도인들이 말씀 읽던 방식을 알 필요가 있습니다. 우리는 예언이라는 말과 동시에 미래의 일을 떠올리지만, 초대 교회 성도들은 이 단어를 미래 이야기로만 해석하지 않았습니다. 그들에게 예언은 미래적이기보다 현재적 성격이 더 강한 단어였습니다.

그 예를 구약 선지자들을 통해 확인할 수 있습니다. 구약 선지자들은 '선견자', '예언자'라고도 불렸습니다. 분명히 그들은 미래의 일을 예언했습니다. 그런데 그들이 미래의 일을 예언할 때는 분명한 이유가 있었습니다. 예언을 듣는 사람들의 현재 삶이 변화되기를 바랐습니다. 구약의 선지서를 읽어 보면, 예언자들은 이스라엘 백성이 사는 현재의 삶에 대하여 변화를 촉구했습니다. 선지자들은 과거에 대해 말하고 미래에 대해서도 말합니다. 그러나 모든 과거와 미래의 이야기는 현재의 변화라는 목적을 가지고 한 선포였습니다. 성경은 과거와 현재와 미래의 이야기 모두를 '예언'이라고 했습니다. 선지자들은 과거에 하나님이 우리에게 행하신 일들을 기억하라고 합니다. 더불어 하나님이 이미 행하신 신실한 사랑을 현재 우리가 얼마나 망가뜨렸는지 고발합니다. 그리고 우리가 계속해서 하나님을 대적하면, 하나님이 우리를 어떻게 심판하실 것인지에 대한 예언을 합니다. 이렇게 선지자의 말에는 과거와 현재와 미래가 다 들어 있습니다. 이스라엘의 예언자들이 그렇게 선포한 것은 백성의 현재 삶을 바꾸려고 했기 때문입니다.

우리는 요한이 계시록을 쓸 때가 어떤 시대였는지를 기억해야 합니다. 주후 90년대 소아시아의 교회들은 엄청난 핍박을 받았습니다. 로마 황제 도미티아누스는 모든 권력을 동원하여 기독교를 말살하려고 했습니다. 그는 자신의 반신상을 만들어 모든 공공장소에 세우고, 그 앞을 지나는 사람들로 하여금 충성을 맹세하도록 했습니다. 이 명령을 어기는 자는 황제의 통치를 인정하지 않는 것으로 여겨져서 즉시 신체적 제재를 당했고 물리적 피해를 입었습니다. 초대 교회 성도들은 이 황제의 반신상에 충성을 맹세하지 않아 끌려가 고문을 받거나 죽기도 했습니다. 교회는 거대한 어둠의 힘 앞에 질식할 것 같았고, 성도들은 그렇게 죽어 다 사라질 것 같은 위기에 처했습니다. 마지막 사도인 요한 역시 그리스도인이라는 이유로 로마군에게 잡혀 밧모 섬에 유배되었고, 척박한 환경에서 노역을 했습니다. 예루살렘에서 시작된 작은 종교 운동은 60여 년 만에 이렇듯 초라하게 역사 속에서 사라질 것 같았습니다. 분명 다시 오신다던 주님은 오실 기미가 보이지 않았습니다. 당시 최고 권력을 가진 로마 황제는 노골적으로 기독교인을 핍박했습니다. 교회 안에 배교자들이 늘어갔습니다. 이것이 계시록의 첫 번째 수신자들이 겪는 현실이었습니다. 요한은 당시 그리스도인들의 비참한 현실을 위해, 그 시간을 믿음으로 견딜 수 있도록 묵시라는 장르로 아주 실재적인 글을 썼습니다.

오늘날 이 땅의 현실은 주후 1세기 로마 치하에 있던 초대 교회 성도들이 경험하던 상황과 놀랍게 닮았습니다. 갈수록 기독교에 대한 세상의 적대감이 커지고 있습니다. 그리스도인들의 수가 줄어들고 있으며 동시에 역동성마저 잃고 있습니다. 수치상으로만 보면 기독교는 아직 소수가 아닙니다. 그러나 영향력 면에서는 기독교가 사회에서 거의 힘을 발휘하지 못하고 있습니다. 세상은 더 이상 그리스도인의 말을 인정해 주지 않으며, 그리스도인이 가진 가치에 대해 동의하지 않습니다. 이 부분은 로마에 핍박을 받던 소아시아의 교회들이 경험한 것과 비슷합니다. 경험의 내용은 다르지만 기독교가 이 땅에서 사라질 위기라는 면에서는 동일합니다. 그래서 계시록은 오늘날 우리를 향해 실천을 명하는 책이 되어야 합니다.

제가 계시록을 통해 여러분에게 도전하고 싶은 것이 있습니다. 함께 계시록을 읽고, 말씀을 이해해 봅시다. 우리가 읽고 이해한 대로 우리의 삶 가운데 실천하며 살아 봅시다. 그리고 우리가 순종했을 때, 주님이 과연 어떻게 행하실지 기대합시다. 주께서 주시겠다고 하신 복이 과연 무엇인지 기대합시다.

누가 인생을 주관하는가

한 가지 물어보겠습니다. 하나님의 말씀을 지키는 것이 쉬울까요, 어려울까요? 특히, 기독교에 대해 적대적인 환경이라면 어떨까요? 소아시아의 교회와 성도들은 믿음을 지키기가 어려웠습니다. 박해가 벌써 수십 년째입니다. 이런 상황에서 믿음을 지키고, 심지어 복음대로 적극적으로 산다는 것은 불가능해 보였습니다. 그래서 요한은 아주 특별한 인사로 글을 시작합니다.

> 요한은 아시아에 있는 일곱 교회에 편지하노니 이제도 계시고 전에도 계셨고 장차 오실 이와 그의 보좌 앞에 있는 일곱 영과 또 충성된 증인으로 죽은 자들 가운데에서 먼저 나시고 땅의 임금들의 머리가 되신 예수 그리스도로 말미암아 은혜와 평강이 너희에게 있기를 원하노라 우리를 사랑하사 그의 피로 우리 죄에서 우리를 해방하시고 그의 아버지 하나님을 위하여 우리를 나라와 제사장으로 삼으신 그에게 영광과 능력이 세세토록 있기를 원하노라 아멘(4-6절)

아주 특이한 인사입니다. 여기에는 삼위일체 하나님이 각 위격으로 나타나십니다. "이제도 계시고 전에도 계셨고 장차 오실 이"는 성부 하나님이십니다. 모든 역사의 주관자로서의 성부 하나님을 소개합니다. 그 뒤에 성령 하나님이 "그 보좌 앞에 있는 일곱 영"으로 등장합니다. '일곱'은 완전을 의미하는 숫자입니다. 일곱 영은 완전하신 성령 하나님의 별명입니다. 폭풍 속에서도 결코 꺼지지 않는 성령의 능력을 소개합니다. 마지막 성자 하나님에 관한 표현은 "또 충성된 증인으로 죽은 자들 가운데에서 먼저 나시고 땅의 임금들의 머리가 되신"입니다. 예수님은 죽임을 당했습니다. 십자가에 달렸을 때, 다 끝난 것 같았습니다. 그런데 그분이 무덤을 열고 나왔습니다. 그리고 땅에 있는 모든 임금 위에 군림하십니다. 요한은 계시록을 기록하며 이 책의 발신자가 삼위 하나님이라고 분명하게 제시합니다.

요한은 자신의 다른 서신, 요한일서 4장 4절에서 "자녀들아 너희는 하나님께 속하였고 또 그들을 이기었나니 이는 너희 안에 계신 이가 세상에 있는 자보다 크심이라"고 이미 하나님을 표현했습니다. 로마의 핍박 속에서 그리스도인들은 두려워했고 불안해했습니다. 그들은 위축될 대로 위축되었습니다. 이 거대한 로마와 황제라는 적이 언제쯤 사라질지, 과연 예수님이 다시 오시는 게 맞는지 등등 기다림에 지쳤습니다. 요한은 핍박 가운데 견디기는 하나 언제 포기하고 무너질지 모르는 이 땅의 교회에 우리 믿음의 대상이 되시며 동시에 우리를 지키시는 삼위 하나님을 소개합니다. "사랑하는 교회야, 너희는 이 강력하신 하나님께 속해 있다. 너희 안에 있는 크신 하나님의 능력으로, 너희를 공격하는 저 악한 세력들을 이길 수 있어. 우리 안에 계신 이가 세상에 있는 자보다 크시다. 당장 눈에 그렇게 보이지는 않지만 사실이다."

살다 보면, 그리스도인은 참 초라하다는 생각이 들 때가 있습니다. 사실 그리스도인은 그리 대단해 보이지 않습니다. 제가 이제껏 만난 하나님의 사람들은 세상의 눈으로 볼 때, 대부분 화려하지 않았습니다. 동시대 동년배 비신자들이 누리는 것보다 부족하게 사는 그리스도인이 많습니다. 세상을 얻기 위해 온 힘을 다해 달려야 할 때 그렇게 달리지 못했기 때문입니다. 세상을 얻으려면 세상처럼 독하고 이기적이어야 하는데 신앙 양심이 허락하지 않았기 때문입니다. 세상에서 성공하려면 세상의 규칙을 따라야 하는데, 성도는 그 규칙대로 사는 게 불가능할 때가 많습니다. 큰 길과 광장에 세워진 황제의 반신상에 절해야 했습니다. 눈 딱 감고 과감하게 고개를 팍 숙여 주고 지나가면 좋으련만 그 순간에 우리 안에 있는 신앙 양심이 발동합니다. 그러다 쭈뼛대며 머뭇거립니다. 신앙 양심을 지키기 위해 세상의 관행을 포기합니다. 아무도 알아주지 않는 거룩과 순결을 지키겠다는 게 화근이 됩니다. 하나님의 법을 지키다 보니, 세상에서 너무 많이 벗어납니다.

하나님 마음에 합한 사람은 어느 장소나 누구와도 잘 어울리는 융통성 있는 사람으로 평가받지 못합니다. 어떤 상황에서든 사람들과 잘 지내는 사람은 하나님의 마음에 합한 사람이 아닐 가능성이 큽니다. 하나님의 사람은 약간 고지식한 부분이 있습니다. 뭔가 조금 모자라 보이기도 합니다. 그들은 죄와 싸우는 사람이며, 황제에게 고개를 숙이느니 굶는 것을 택할 정도로 돌아이(평범하지 않은) 기질이 있습니다. 그래서 하나님의 마음에 합한 사람은 세상에서 융통성이 없다는 평가를 종종 받습니다. 더 쉬운 말로 '바보'라고 불립니다. 조금만 눈감고 넘어가면 되는데, 조금만 덜 깨끗한 척하면 되는데 말이죠. 그런 사소한 것을 잘하지 못합니다.

그렇다면, 오늘날 기독교가 이토록 세상에서 욕을 듣는 이유가 무엇일까요? 앞서 설명한 그런 바보가 많아서일까요? 저는 아니라고 생각합니다. 의외로 오늘날 한국 교회의 그리스도인들은 융통성에 있어서는 타의 추종을 불허합니다. 세상이 성도를 거의 알아보지 못할 정도입니다. 세상 사람과 성도가 한자리에 섞여 있는데 전혀 문제가 일어나지 않습니다. 세상 사람이 좋아하는 것을 성도도 좋아합니다. 세상 사람과 마찬가지로 절대로 손해 보지 않으려고 합니다. 어떻게든 높은 자리를 차지하려 합니다. "그리스도인들이 그렇게 경쟁적이면 안 되는 거 아니냐"라는 말을 들으면, 고상하게 "우리가 높이 올라가야 더 많은 영향력으로 이 세상에 그리스도의 푸른 계절을 끌어올 수 있다"라고 말하기도 합니다. 그동안 목회자들이 성도들에게 그렇게 설교했고, 그런 설교를 들은 성도들은 열심히 세상의 높은 자리에 오르려고 애썼습니다. 그런데 결과는 어떻습니까? 그 자리에 올라서 얻게 된 좋은 것들을 본인을 위해 챙겼습니다. 세상과 다른 뭔가를 보여 주지 않았습니다. 그 와중에 "예수 천당, 불신 지옥"을 이야기하며 예수를 믿어야 한다고 전했습니다. 이런 그리스도인들을 보는 세상은 얼마나 어이가 없을까요? 교회와 성도의 말이 얼마나 우습게 들리겠습니까? 자기들과 같은 목표를 가지고 살며, 같은 일에 목숨을 거는 교회에서 무엇을 보고 배워야겠다고 생각하겠습니까? 자신들과 다를 바 없는 욕망의 종으로 살면서 거기에 거룩한 칠을 한 그리스도인들을 보며 세상은 욕합니다.

주님은 세상의 공격을 받는 하나님의 백성을 위로하십니다. 세속적인 힘을 앞세운 세상에서 거룩하게 살기를 선택해서 온몸과 마음으로 고난을 감당하는 사람들, 즉 그리스도인이라고 불리는 바보들을 그분은 위로하십니다. "나는 역사를 주관하는 자이며, 꺼지지 않는 불꽃이며, 죽은 자 가운데서 부활한 자다. 그런데 내가 이 세상에서 바보이고 융통성 없다는 너를 내 백성으로 인정하며 은혜와 평강을 준다. 세상의 수많은 것이 너를 어떻게 평가하건 나에게 너는 최고로 사랑스런 존재란다. 환난과 고통 중에 세상보다 뒤처져 사는 것 같은 힘겨운 시간을 보내는 너의 삶을 나는 다 안다. 하지만 그게 전부가 아니란다. 곧 끝날 거란다. 나는 네 아버지고 넌 내 자녀다. 내가 네게 주는 은혜와 평강이 네 삶을 가득 채울 거란다."

바울이 "만일 하나님이 우리를 위하시면 누가 우리를 대적하리요"(롬 8:31)라고 한 것을 요한이 새롭게 외치는 것입니다.

궁극적으로 일어날 일

계시록의 머리말에서 찾을 수 있는 마지막 주제입니다. 쉽게 표현하면 '마라타나'입니다. 이후에 나올 2-22장의 모든 내용을 단 한 문장으로 요약한다면 바로 이 7절입니다.

> 볼지어다 그가 구름을 타고 오시리라 각 사람의 눈이 그를 보겠고 그를 찌른 자들도 볼 것이요 땅에 있는 모든 족속이 그로 말미암아 애곡하리니 그러하리라 아멘

이 문장은 해석하기 쉽지 않습니다. 다니엘서와 스가랴서에 있는 각각 다른 예언을 한 구절로 합해 놓은 문장이기 때문입니다.

먼저, "볼지어다 그가 구름을 타고 오시리라"를 살펴봅시다. 우리는 이 말씀을 보고, 예수님이 재림하실 때 하늘에 있는 구름을 타고 오실 것이라고 생각합니다. 예수님의 승천과 재림에는 구름에 대한 이야기가 많습니다. 그런데 정말 예수님이 하늘에 있는 구름을 타고 오신다는 걸까요? 그렇게 생각하면 몇 가지 문제가 생깁니다. 만약 주께서 구름을 타고 우리가 사는 지구의 북반구로 오시면, 남반구 쪽에 사는 사람들은 주의 재림을 볼 수 없습니다. 또 주님은 엄청 거대한 모습으로 오셔야 합니다. 만약 주님이 살아 계셨을 때

의 모습으로 오신다면 구름 타고 오시는 예수님을 같은 하늘 아래서도 보지 못할 가능성이 큽니다. 조금만 생각해 보더라도 예수님이 손오공처럼 구름을 타고 날아온다는 것은 설명할 수 없는 변수가 너무 많습니다.

'구름을 **타고** 오신다'에서 '타고'로 번역된 헬라어 단어는 '메타'(*meta*)인데, 이 '메타'의 일반적인 용법은 '……와 함께, ……후에'라는 접사이지 '……을 타고'로 번역할 수 있는 접사가 아닙니다. 우리는 정확한 의미를 찾기 위해 이와 비슷한 표현이 있는 다니엘서를 살펴봐야 합니다.

> 내가 또 밤 환상 중에 보니 인자 같은 이가 하늘 구름을 **타고** 와서 옛적부터 항상 계신 이에게 나아가 그 앞으로 인도되매(단 7:13)

구약에서 구름은 '하나님의 영광'으로도 번역되는 '쉐키나'(*shekinah*)입니다. 하나님의 영광이나 임재를 '구름'이라는 단어로 표현했습니다. 성막에 거하는 영광, 여호와의 법궤를 덮는 영광, 백성을 인도하는 하나님의 영광을 나타냈습니다. 이렇게 눈에 보이는 상징을 구름으로 나타낸 것이지 구름 자체를 언급하는 것이 아닙니다.

정리하면 "볼지어다 구름 타고 오시리라"는 재림의 날에 주님이 하늘 구름을 타고 오실 모습을 말하는 것이 아닙니다. 이것은 '오늘'의 이야기입니다. 초림과 재림 사이 '말세'라는 지금을 살아가는 성도들 가운데 하나님의 영광과 임재가 당장이라도 임할 수 있다는 것을 알리는 축복의 선포입니다.

성도들 가운데 하나님의 영광이 임할 때, 어떤 일이 일어납니까?

이전에는 주님을 귀로만 들었던 성도들이 "이제 내가 눈으로 주님을 뵈었습니다"라고 고백합니다. 하나님의 영광이 임하는 자리에서 우리를 위해 십자가에 달려 죽으시고 부활하신 예수님을 만납니다. 주님이 자신의 마음에 찾아오셨고, 자신의 삶을 향해 말씀하시고, 자신을 살려 주셨다는 고백이 나옵니다. 이것이 하나님께서 계시록의 말씀을 통해 성도들 가운데 일어나기를 기대하신 모습입니다.

주님은 먼 훗날에 구름 타고 오실 손오공 같은 분이 아닙니다. 만약 예수님이 그런 분이라면, 우리는 도무지 '오늘'을 살 수 없습니다. 재림하실 그날까지 우리가 이 땅에서 주님을 만날 수 없다면, 우리는 이 땅에서 성도의 경주를 결코 완주할 수 없습니다. 그래서 주님은 '언제든 성도에게 찾아가 내 얼굴을 보일 수 있으니 힘을 내라'며 구름을 타고 임하는 자신의 모습을 소개하십니다. 이것은 정말 중요한 진리입니다. 주님은 언제든 영광과 함께 우리 가운데 오실 수 있는 분입니다. 그래서 우리가 언제든 주의 영광과 임재와 도움을 구할 수 있습니다. 주님이 "오겠다"고 약속하셨기 때문입니다. 세상에서 성도로 사는 것은 여간 힘든 게 아닙니다. 그러나 우리가 진심으로 주의 얼굴을 구한다면, 주님은 언제든 자신의 얼굴을 구하는 이들에게 찾아오십니다. 우리가 하나님의 영광의 구름을 구하고 그 안에 머물면, 주님은 우리와 함께하십니다. 주님은 지금 이곳에 계십니다. 먼 훗날 어느 날이 아니라 그분의 손이 오늘 나의 흐르는 눈물을 씻기실 것입니다. 내 지친 몸에 새 힘을 주실 것입니다. 미소 지을 수 없는 얼굴에 미소를 주실 것입니다. 그분이 나를 살리사 나로 이 땅에서 성도로 살도록 해 주실 것입니다.

이제 7절 중반부를 살펴보겠습니다.

……각 사람의 눈이 그를 보겠고 그를 찌른 자들도 볼 것이요 땅에 있는 모든 족속이 그로 말미암아 애곡하리니……

이 말씀은 "내가 다윗의 집과 예루살렘 주민에게 은총과 간구하는 심령을 부어 주리니 그들이 그 찌른 바 그를 바라보고 그를 위하여 애통하기를 독자를 위하여 애통하듯 하며 그를 위하여 통곡하기를 장자를 위하여 통곡하듯 하리로다"(슥 12:10)를 부분 인용한 것입니다. 스가랴 12장은 이스라엘을 괴롭혔던 모든 열국을 하나님이 징계하시고 이스라엘 백성을 구출하시는 내용입니다. 9절까지 내용은 하나님이 어떻게 열국을 무너뜨리시는지에 대한 내용이고, 10절은 하나님의 구원 사건을 경험할 때에 이스라엘 백성이 어떤 반응을 보일 것인지에 대한 예언입니다.

하나님께서 이스라엘을 구원하실 때, 열국을 무너뜨리실 뿐 아니라 하나님의 백성들에게 '은총과 간구하는 심령'을 부어 주셨습니다. 쉬운 말로, '하나님을 찾는 마음'을 부어 주셨습니다. 이 은혜로 그들의 눈이 열렸습니다. 그러자 이전에 보이지 않았던 것이 보이기 시작합니다. 이제껏 자신들이 하나님 앞에 어떤 죄를 지었는지 보입니다. 별 생각 없이 했던 수많은 행동이 하나님을 향해 칼을 드는 반역의 행동들이었고, 부담 없이 한 말들이 하나님의 옆구리에 창을 찌르는 것이었음을 알게 되었습니다. 그들은 통곡하며 울기 시작합니다. 남녀노소, 심지어 주님을 찔렀던 자들과 반대했던 자들까지 주님 앞에 엎드려 웁니다. 다시 한 번 스가랴 12장 10절 하반부를 보겠습니다.

……그를 위하여 애통하기를 독자를 위하여 애통하듯 하며 그를 위하여 통곡하기를 장자를 위하여 통곡하듯……

열 번째 재앙으로 애굽에 있는 모든 장자가 목숨을 잃었을 때, 온 애굽이 자식을 잃은 부모가 되어 통곡했습니다. 이스라엘 백성들의 기억에서 가장 큰 통곡의 날은 바로 그때였습니다. 모두가 주검을 끌어안고 울었습니다. 그런데 하나님께서 '은총과 간구하는 심령', 즉 성령을 부어 주셔서 죄인들의 눈이 열렸을 때, 그들이 마치 자식을 잃은 부모처럼 통곡할 거라고 합니다. 눈물 몇 방울이 아닙니다. 소리 내어 엉엉 울 거랍니다. 감당할 수 없는 고통 가운데 신음하며 소리 내어 통곡할 것입니다.

이 통곡이 훗날 우리 주님이 재림하실 때에 일어날까요? 맞습니다. 그날에 일어날 것입니다. 그러나 그날을 미래의 일이라고만 생각해서는 안 됩니다. 이 일은 이미 성취되었고, 오늘도 일어나고 있으며, 앞으로 일어나야 할 일이기 때문입니다. 과거 2,000년 교회사에서 부흥과 회심의 역사 때마다 반복적으로 보았던 일입니다. 옛부터 하나님의 은혜와 임재를 간절히 사모하는 사람들이 있었습니다. 그들은 하나님 앞에 엎드려 은혜를 구했습니다. 그 간구를 들으신 하나님께서 약속하신 성령을 폭포수처럼 부어 주셨습니다. 그때 사람들은 통곡했습니다. 주께서 친히 영광 중에 오셔서 사람들의 딱딱한 마음을 만지시고, 닫힌 눈을 여셨기 때문입니다.

영광 중에 오시는 예수님을 만나면 기뻐 춤을 춰야지 왜 우냐고 물을 수도 있습니다. 맞습니다. 그분께서 은총과 간구하는 심령이신 성령을 충만하게 부어 주시면 그것을 경험한 성도에게는 엄청난 기뻠과 감격의 웃음이 있습니다. 그런데 기쁨보다 훨씬 더 큰 슬픔이 먼저 나올 수 있습니다. 성령의 조명으로 내 영적인 눈이 뜨였을 때, 그 열린 눈으로 온통 찢겨 피로 물든 주님의 몸과 마음이 들어오기 때문입니다. 내 손에 들린 피 묻은 창이 보이기 때문입니다. 지금까지도 지독하게 변하지 않는 나의 죄된 본성이 보이고, 나로 인해 아프셨을 주님이 보이기 때문입니다. 그럼에도 불구하고 주님은 나를 떠나지 아니하시고 그곳에서 나를 바라보시는 것을 경험합니다. 그때 성도는 그 사랑에 감격해서 소리 내어 울 수밖에 없습니다.

우리가 구하는 것

우리는 그리스도의 초림과 재림 사이의 세상을 의미하는 '말세'를 살고 있습니다. 우리는 저마다 주의 재림을 기다립니다. 주께서 이 땅에 오셔서 모든 것을 새롭게 고치시기를, 세상을 심판하시기를, 신자에게 약속하신 하나님 나라가 오기를 기다립니다. 이 땅에서 성도로 사는 우리는 영원한 안식을 누릴 그 날을 소원합니다.

하나님 나라는 주님의 재림과 함께 완전한 모습으로 이 땅에 임할 것입니다. 그렇다고 해서 주님의 재림 이전에는 그 나라를 전혀 경험할 수 없는 것은 아닙니다. 하나님 나라는 지금이라는 시간 속에서 예수를 주로 고백하는 우리가 매일 경험할 수 있고, 또 매일 경험해야 합니다. 성도들이 고통의 순간에 하나님의 임재와 영광을 구하면, 주님은 우리에게 영광과 함께 임하십니다. 오늘도 예수님은 못 자국 난 손으로 넘어진 우리를 붙잡아 일으키시고 상한 심령을 치료하십니다. 오늘도 주님은 우리 가운데 여전히 일하십니다. 계시록은 오늘 우리를 향한 이야기입니다.

우리는 평생 그리스도인으로 올곧게 살아갈 수 있을까요? 반기독교 정서로 가득한 세상 속에서 믿음과 신앙 양심을 지킬 수 있을까요? 세상이 보기에는 미련하고 바보 같은 선택을 하며 이 땅을 살아갈 수 있을까요? 분명히 말씀드리지만, 우리는 그렇게 사는 것이 불가능합니다. 그래서 주님이 '은총과 간구하는 심령'을 부어 주겠다고 약속하셨습니다. 계시록은 오늘을 사는 우리에게 이 말을 하려고 합니다. "그리스도인들을 뿌리부터 말리려 하는 세상에서 너희가 성도로 살기를 원하느냐? 로마 황제의 핍박에서 끝까지 견디기를 원하느냐? 세상의 법이 아니라 하나님의 법대로 살고 죽기를 원하느냐? 그렇다면 성도여, 성령 하나님을 구하라. 영광 중에 언제든 임하실 예수님을 구하라!"

성경의 마지막 책, 요한계시록은 주께서 각 사람의 마음에 은총과 간구하는 마음을 부어 주셔서 진정한 회개와 회개의 열매가 삶에서 나타나길 바라는 목적으로 쓰였습니다. 성도로 사는 것이 불가능한 세상에서 성령의 능력과 주님의 도우심으로 끝까지 승리하는 삶을 살 수 있는 비결을 들려주고 싶은 것입니다. 아무리 세상이 강력해도 영광 중에 오시는 주 예수 그리스도의 위로와 능력이라면 넉넉히 이길 수 있을 거라고 말합니다.

사랑하는 여러분, 우리의 힘으로는 이 세상에서 성도로 살아갈 수 없습니다. 주께서 우리 삶에 오셔서 우리를 도와달라고 기도하며 나아갑시다. 또한 세상의 파도를 넘어 갈 수 있도록 은총과 간구하는 심령이신 성령의 도움을 구합시다. 주께서 우리의 삶을 붙잡으시고, 성령께서 우리 속에 충만하셔서 성도의 아름다운 삶을 살 수 있게 해 달라는 기도가 우리의 기도가 되기를 바랍니다.

2장

죽도록 충성하라

[8]서머나 교회의 사자에게 편지하라 처음이며 마지막이요 죽었
다가 살아나신 이가 이르시되 [9]내가 네 환난과 궁핍을 알거니
와 실상은 네가 부요한 자니라 자칭 유대인이라 하는 자들의 비
방도 알거니와 실상은 유대인이 아니요 사탄의 회당이라 [10]너는
장차 받을 고난을 두려워하지 말라 볼지어다 마귀가 장차 너
희 가운데에서 몇 사람을 옥에 던져 시험을 받게 하리니 너희
가 십 일 동안 환난을 받으리라 네가 죽도록 충성하라 그리하
면 내가 생명의 관을 네게 주리라 [11]귀 있는 자는 성령이 교회
들에게 하시는 말씀을 들을지어다 이기는 자는 둘째 사망의 해
를 받지 아니하리라

요한계시록 2장 8-11절

우리는 계시록 1장을 살펴보면서 기도할 것이 생겼습니다. 이 땅에서 "볼지어다 그가 구름을 타고 오시리라 각 사람의 눈이 그를 보겠고 그를 찌른 자들도 볼 것이요 땅에 있는 모든 족속이 그로 말미암아 애곡하리니 그러하리라 아멘"(7절)이 우리 삶에서 일어나길 구하는 것입니다. 이를 두 가지로 정리하면, 하나는 '주님이 영광 중에 우리에게 와 주십시오'라는 소원이고, 다른 하나는 '은총과 간구하는 심령이신 성령께서 우리에게 임해 주십시오'라는 소원입니다. 개개인에게 수많은 상황이 있고, 그에 따라 하는 기도가 있습니다. 계시록이 쓰인 당시 대부분의 소아시아 교회들은 로마의 강한 핍박 속에 신음하고 있었습니다. 아마도 교회들은 자신들의 생계와 안전을 위한 기도를 가장 많이 했을 것입니다. 그런데 계시록은 그러한 생존 기도보다 더 중요한 것이 있다고 합니다. 너희가 이 땅에서 성도답게 살기 위해 가장 필요한 것은 예수님의 오심과 성령 충만이고, 가장 우선적으로 해야 할 기도 역시 바로 이것이라고 말입니다.

소아시아 일곱 교회의 의미

저는 계시록을 통해 오늘날 우리에게 하시는 하나님의 명령이 무엇인지 살펴보고 싶었습니다. 계시록 2장과 3장은 당시 소아시아의 일곱 교회에 보내는 편지 형식으로 기록되어 있습니다. 요한이 소아시아의 일곱 교회에 편지를 썼다는 것은 그 지역에 교회가 일곱 개였다거나, 일곱 교회에만 전할 내용이었다는 뜻이 아닙니다. 성경에서 숫자에 의미를 부여하는 방식을 생각할 때, 일곱은 '완전' 또는 '전부'를 뜻합니다. 즉 계시록의 일곱 교회는 이 땅에 있는 모든 교회를 말합니다. 또한 요한이 이들 교회가 어떤 상황이었고, 그 상황에서 예수님이 뭐라고 말씀하셨는지를 적은 것은 단순히 그 시대의 교회들만을 위한 것이 아니었습니다. 예수님이 소아시아 일곱 교회에 하신 말씀은 바로 이 시대, 우리에게도 하시는 말씀입니다. 우리 시대, 땅 위에 있는 다양한 교회에 주시는 주님의 맞춤식 조언입니다.

우리는 계시록에 나온 모든 교회를 살펴보려는 것이 아니기 때문에 해석과 적용의 한 예로 일곱 교회 중 주께 칭찬을 받은 서머나 교회를 살펴보겠습니다. 서머나 교회가 책망도 없이 오직 주께 칭찬만 받은 이유가 무엇이며, 그 교회를 향한 주님의 말씀이 무엇이었는지 살펴볼 것입니다. 서머나 교회를 향한 메시지를 주께서 우리에게 주시는 메시지로 들을 수 있기를 바랍니다.

서머나 교회가 처한 상황

서머나는 당시 소아시아의 수도 에베소에서 북쪽으로 80킬로미터 떨어진, 인구 30만 명이 사는 크고 아름다운 항구 도시였습니다. 질 좋은 유향이 생산되는 것으로 유명하고, 시인이며 철학자인 호메로

스의 고향으로 예술과 철학이 발달하기도 했습니다. 또한 서머나는 로마에 대한 충성심으로도 유명한데, 그들의 충성심이 공적으로 인정되어 로마로부터 정치적으로 독립된 의회를 가질 만큼 특별 대우를 받았습니다. 로마의 보호 아래서 엄청난 자유와 부를 누리던 서머나는 당연히 로마의 눈에 밉보일 만한 그 어떤 것도 도시 안에 없기를 바랐습니다. 도미티아누스가 황제 숭배를 명령하며 자신의 반신상을 모든 공공 기관 앞에 세우라고 했을 때, 가장 먼저 완료하고 보고했을 만큼 열심을 내어 로마와 황제에 대한 자신들의 충성을 증명했습니다.

늘 로마를 의식하던 서머나는 이제까지 자신들이 누리던 정치적 안정감을 지키고 싶었습니다. 그런 서머나 안에 로마와 갈등을 일으키는 무리가 나타났습니다. 바로 그리스도인입니다. 그리스도인들은 황제 신상에 절하지 않았습니다. 이들은 다른 면에서는 대단히 유순한데 황제 신상 숭배에 대해서는 절대로 뒤로 물러서지 않았습니다. 서머나의 안녕이 위태로워졌습니다. 서머나는 이 위기를 극복할 대안으로 도시 안에 살던 그리스도인들을 자체적으로 제거하려 했습니다. 서머나에 있던 성도들은 다른 지역보다 더한 핍박을 받았습니다. 대부분은 경제 활동을 할 수 없어 궁핍해졌고, 많은 사람이 옥에 갇혔고, 어떤 이들은 죽기도 했습니다.

겉으로 보기에 서머나 교회는 쇠락하는 교회였습니다. 그런데 예수님은 이렇게 무너져 버린 것 같은 교회를 정다운 목소리로 부르십니다. 그리고 그 교회를 칭찬하십니다. 망한 것 같은 교회를 향해 다르게 말씀하십니다. 먼저, 예수님은 그 교회를 보시며 “내가 너희를 안다”고 말씀하십니다. 이것은 공감과 인정의 표현입니다. 주님은 서머나 교회를 칭찬하십니다. 여기서 무엇을 확인할 수 있습니까? 세상과 전혀 다른 주님의 평가 기준입니다.

하나님의 눈은 세상의 눈과 다릅니다. 이것을 기억하지 않는다면 우리의 삶은 이긴 것 같으나 진 것이 되고, 성공한 것 같으나 망한 것이 되며, 부유한 자 같으나 가난한 자가 될 수 있습니다. 세상 사람들이 박수를 쳐 주고 칭찬합니다. 나의 업적을 기리는 책이 출간되고 사람들이 내게서 뭔가를 배우고 싶어 합니다. 그러나 우리는 그것으로 만족하고 기뻐하는 사람들이 아닙니다. 우리는 하나님의 기준으로 삶이 평가되는 사람들이기 때문입니다.

예전에 저는 세상에서 칭찬을 받으면 하나님도 칭찬하실 것이라고 막연하게 생각했습니다. 세상은 공평해서 최선을 다하면 좋은 결과를 얻을 수 있다고 생각했기 때문입니다. 그리고 그렇게 최선을 다해서 얻은 것은 심은 대로 거두게 하시는 하나님의 보상으로 생각했습니다. 그러나 나이를 먹으면서 제가 참 순진했다는 것을 알게 되었습니다. 세상은 공평하지 않고 오히려 불공평했습니다. 누구나 노력하기만 하면 그에 합당한 보상을 받는 것이 아니었습니다. 저마다 타고난 것이 달랐습니다. 가정의 형편이나 유전적 차이는 개인이 스스로 선택한 문제가 아니라 구조적 요소로 개인의 삶에 영향을 미쳤습니다. 결국 동일한 출발선이라는 건 애초부터 없었습니다. 그렇기에 세상이 말하는 성공과 주님이 말씀하시는 승리는 결코 같을 수 없었습니다.

주님과 세상의 기준 차이는 성경 여러 곳에서 확인할 수 있습니다. 세상은 눈에 보이는 것만 평가하지만, 주님은 사람의 중심을 보십니다. 쌓아 놓은 것만 보는 세상과 달리 주님은 그렇게 쌓아 올리기 위해 흘린 그 사람의 땀과 수고와 마음의 정성까지 보십니다. 아무것도 쌓아 올린 것이 없어 보이는 에녹의 인생, 그저 주와 동행하며 산 그를 기뻐하신 하나님은 그가 죽음을 맛보지 않도록 하셨습니다. 그분의 기준과 세상의 기준이 다르다는 것을 우리는 끊임없이 확인할 수 있습니다.

내가 너를 안다

우리는 2장 9절에서 이해할 수 없는 예수님을 만납니다.

> 내가 네 환난과 궁핍을 알거니와 실상은 네가 부요한 자니라 자칭 유대인이라 하는 자들의 비방도 알거니와 실상은 유대인이 아니요 사탄의 회당이라

이 말씀에서 예수님이 서머나 교회를 칭찬하시는 이유가 나옵니다. 그 이유는 서머나 교회가 겪고 있는 환난과 궁핍이 사탄의 하수인으로 일하는 유대인들의 비방으로 인한 것이기 때문입니다.

사탄은 하나님께 도전한 타락한 천사들의 대표 천사장의 이름입니다. 사탄과 그 세력들이 나와 우리 공동체를 공격하고 있다면 그것은 어떤 의미일까요? 우리가 사탄의 나라에 아무런 위협이 되지 않고, 또 우리의 삶이 사탄의 나라를 공격할 만큼 영향력이 크지 않다면 사탄도 우리를 공격할 이유가 없습니다. 그런데 사탄이 지금 우리를 공격하고 있습니다. 여러 환난이 우리가 성도라는 이유로 다가옵니다. 처음에는 우연인 줄 알았고, 정치·경제적인 이유인 줄로만 알았습니다. 그런데 모든 정황을 살펴보니 그 배후에 사탄이 있

다는 걸 알았습니다. 우리는 사탄에게 위협이 되는 적으로 인정받은 것입니다.

그러나 사탄에게 적으로 분류되어서 그의 공격을 받는 것이 우리에게 마냥 기쁜 일은 아닙니다. 우리 삶에서 겪을 여러 핍박과 환난을 대비해야 하기 때문입니다. 그러나 우리는 이러한 상황에서 궁극적으로 기뻐해야 합니다. 내가 어느 편에 속한 자인지를 확인받았기 때문입니다. 성경은 세상에 있는 사람을 둘로 구분합니다. 중간에 회색 지대 같은 건 없습니다. 하나님께 속한 자가 아니면 사탄에게 속한 자일 뿐입니다.

서머나 교회는 고통스러웠을 것입니다. 사탄의 불 같은 공격 앞에서 성도들의 마음이 많이 약해졌을 것입니다. 도대체 왜 이렇게 고난과 핍박을 받아야 하는지 의문도 생기고, 때로는 이런 상황 속에 있는 그들을 도와주시지 않는 주님을 원망도 하지 않았을까요? 바로 그런 서머나 교회에 주님이 말씀하십니다. "내가 너희를 안다. 너희가 겪는 모든 고생을 안다. 나는 너희 가운데 있으면서 너희가 겪는 모든 고생을 봤다."

여러분, '우리가 세상에서 힘들게 산다는 것을 예수님이 알고 계신다'라는 말씀이 칭찬과 위로로 들립니까? 저는 그렇게 들립니다. 욥이 표현한 것처럼, 침을 삼킬 동안도(욥 7:19) 계속 밀려오는 환난을 겪을 때 성도가 가장 힘든 이유는 마음속에서 올라오는 하나님 존재에 대한 의심 때문입니다. 몸과 마음도 힘듭니다. 그러나 가장 많이 힘든 것은 우리의 영혼입니다. 나의 신앙과 믿음 자체가 흔들립니다. 도대체 하나님은 계신 건가? 하나님은 이 상황을 해결할 능력이 있으신가? 과연 능력의 하나님이 계신다면 나에게 관심이나 있으신가? 하나님에 대한 의심이 꼬리에 꼬리를 물고 밀려옵니다. '하나님은 억울하고 슬픈 내 사정을 아실까'라는 질문은 그런 의미에서 이 땅에서 고난받는 성도라면 누구나 할 수 있는 내밀한 의심이며, 슬픈 표현입니다.

저는 어릴 적에 무척 비만했고 성격이 소심했습니다. 뒤늦게 신학을 공부한 아버지는 목회를 위해 시골로 부임했습니다. 그 때문에 저도 시골로 전학했습니다. 갑자기 새로운 환경에 접한 저는 모든 것이 낯설었습니다. 특히 시골 사투리를 제대로 알아들을 수가 없었습니다. 소심했던 저는 적극적으로 친구를 사귀기보다는 뒤로 물러서 있었습니다. 더구나 말까지 더듬어서 요즘 말로 친구들 사이에서 '왕따'를 당했습니다. 저는 좋은 사람에게 좋다고, 싫은 사람에게 싫다고 표현을 못했습니다. 참 바보 같았습니다. 긴장을 하면 얼굴이 붉어지고, 계속 같은 단어를 반복했습니다. 그럴 때면 자신에게 화가 나고 억울해서 눈물이 나왔습니다. 부당한 대우를 받아도 화를 내거나 자신을 잘 변호하지 못했습니다. 학교 안에 있지만 학교에 속하지 못한 우울한 초등학교 4학년생이었습니다.

당시 제 담임 선생님은 긴치마를 즐겨 입으시는 중년의 고운 여자 선생님이었습니다. 어느 날 수업이 시작되고 선생님이 책상 위에 과제물을 꺼내 펼쳐 놓으라 하셨습니다. 저는 과제물을 꺼내려고 책가방을 열었습니다. 그런데 과제물 공책이 없었습니다. '아차' 하는 생각이 들었습니다. 공책을 분명히 챙겼다고 생각했는데 집에 두고 온 것입니다. 저는 책상 위에 아무것도 펴 놓을 수 없었습니다. 선생님은 책상 사이를 돌아다니며 숙제를 검사하기 시작했습니다. 책상 위에 놓인 공책들을 하나하나 보며 걸어오셨습니다. 저는 다가오시는 선생님을 볼 수가 없었습니다. 식은 땀이 흘렀고, 뭐라고 말해야 할지 속으로 생각했습니다. 하지만 제가 입을 열면 분명 또 말을 더 듬을 거라는 것도 알았습니다. "저는 정말 숙제를 했습니다. 어젯밤에 분명히 가방에 넣어 놓는다고 했는데 깜박했습니다"라고 말하고 싶었습니다. 그러나 저는 제가 그렇게 말하지 못할 것을 알고 있었습니다. 제 눈에는 아무것도 펼쳐져 있지 않은 책상만 보였습니다.

저는 안절부절못했습니다. 그리고 마침내 선생님이 제 책상 앞에 서셨습니다. 선생님은 제 얼굴과 빈 책상을 보셨습니다. 저는 선생님을 향해 입을 열었습니다. 그런데 소리가 나오지 않았습니다. 입을 몇 번 크게 열었는데 소리가 나오지 않았습니다. 나를 변호하고 싶었습니다. 저는 숙제를 안 하는 학생이 아니라고 말하고 싶었습니다. 그런데 제 입에서는 아무런 소리가 나오지 않았습니다. 못난 자신에게 화가 나서 눈물이 나오려 했습니다. 고개를 숙이고 교실 바닥을 봤습니다. 그때 선생님이 제 머리에 손을 얹으셨습니다. 그러고는 "우리 영민이, 공책을 집에 두고 왔나 보구나. 내일은 꼭 가져오렴"이라고 말씀하시며 제 머리를 한 번 쓰다듬어 주시고는 제 앞을 지나가셨습니다. 선생님이 지나가신 후, 눈물이 났습니다. 무섭거나 혼나서가 아니라 감사해서 눈물이 흘렀습니다. 선생님이 제 마음을 알아주셨기 때문입니다.

주께서 "내가 너희를 안다"라고 하셨을 때, 이 말을 들은 서머나 교회도 울었을 것입니다. 아무도 알아줄 것 같지 않던 그들의 삶을 주님이 안다고 말씀하시니 말입니다. 주님의 말씀을 들었을 때, 그들은 위로를 경험했습니다. 서머나 교회가 수많은 로마의 핍박과 유대인들의 공격 속에서도 믿음을 지킬 수 있었던 것은 예수님을 향한 사랑과 감사 그리고 다시 오실 예수님에 대한 소망 때문이었습니다. 그들은 예수님을 사랑했기에 모든 걸 견뎠습니다. 그런데 그 소망의 주님이 친히 그들을 찾아오셨습니다. 그리고 주님을 향한 사랑 때문에 고난을 견딘 성도들에게 따뜻한 목소리로 "내가 너를 안다"고 말씀하십니다. 어쩌면 우리가 가장 듣고 싶은 것도 이 말씀이 아닐까요? 이 말씀을 들을 수 있다면 지금 겪는 고난을 감당할 힘이 생기지 않을까요? 주님은 그렇게 서머나 교회를 위로하셨습니다.

이해할 수 없는 예수님

주께서 "너희를 안다"라고 말씀하실 때, 서머나 교회는 감격했습니다. 그들이 겪었던 모든 수고와 고난을 주께서 아신다니 큰 위로가 되었습니다. 의미 없는 고생이 아니라 주님 앞에서 의미가 있었다고 하니 얼마나 위로가 되었을까요? 아무도 알아주지 않는 순교자들의 죽음, 세상을 피해 어둠 속으로 들어가서 숨 죽여 사는 이들의 삶과 예배……. 그 모든 것을 주께서 아신다고 말씀하시니 이 얼마나 큰 감격입니까?

그런데 저는 이 위로에서 말씀을 끝낼 수가 없습니다. 감격의 눈물을 흘리고 나면, 이제는 모든 것을 아시는 주께서 우리를 이 고난에서 건져 주실 거라고 기대하게 됩니다. 인간이라면 당연히 떠오르는 생각입니다. 주님은 힘이나 능력이 부족하지 않으십니다. 그리고 그분은 우리를 사랑하기까지 하십니다. 몰랐다면 내버려 두실 수도 있지만 우리가 겪는 난관을 아신다면, 반드시 우리 인생에 찾아오셔서 현재 겪는 난관에서 우리를 건져 주시는 것이 당연하다고 생각할 수 있습니다. 그런데 예수님은 우리가 당연히 여기는 것을 좀

처럼 해 주지 않으시는 것 같아 보입니다. 서머나 교회에 하시는 주님의 말씀은 우리가 기대한 것과는 전혀 다릅니다.

> 너는 장차 받을 고난을 두려워하지 말라 볼지어다 마귀가 장차 너희 가운데에서 몇 사람을 옥에 던져 시험을 받게 하리니 너희가 십 일 동안 환난을 받으리라……(10절)

명령의 요지는 '너희는 두려워 말라'입니다. 그런데 무엇을 두려워하지 말라는 것일까요? 다가오는 고난에 대해서 두려워하지 말라고 합니다. "마귀가 장차 너희 중 몇 사람을 감옥에 넣어 믿음을 시험할 것이다. 너희는 내가 정한 날까지 계속되는 환난을 겪을 것이다." 여러분, 당황스럽습니다. 주께서 지금 우리가 겪는 어려움을 아실 뿐 아니라 앞으로 당할 환난까지 아십니다. 그런데 그런 상황을 모두 아시는 분이 우리를 환난에서 건져 주겠다고 하지 않으십니다.

어떤 전도자들은 그리스도인이 되기만 하면 지금 당하는 모든 어려움이 해결될 것이라는 말로 사람들을 교회로 끌어옵니다. 인생의 다양한 문제가 교회에 와서 은혜를 받으면 해결된다고 말합니다. 그런 말을 들은 사람들은 복잡한 문제를 해결해 볼 심산으로 교회를 다니기 시작할지도 모릅니다. 또한 이 때문에 정기적으로 예배 출석하고 헌금 드리고 봉사하며 종교 생활을 하는 사람도 있을지 모르겠습니다. 기댈 곳이 전혀 없는 고된 인생 가운데 인간의 능력을 뛰어넘는 신적 존재에게 의지하여 힘을 얻으려는 것은 모든 종교의 속성 중 하나입니다. 이런 전도법은 사람 안에 있는 종교성을 이용하는 아주 오랜 방식이며 효과적 방법입니다. 문제는 이 방식이 성경적이지 않으며, 동시에 현실 세계에서도 마냥 좋게 전개되지 않는다는 점입니다.

성경은 단호하게 "그런 기독교는 없다"고 선언합니다. 세상에서 겪는 고난을 없애 주겠다는 종교는 기독교가 아니라고 분명하게 말합니다. 우리는 예수님을 믿고, 하나님을 사랑하고, 하나님의 몸 된 교회를 열심히 섬기는 중에도 환난을 겪을 수 있고, 애매한 거짓말과 소문의 희생양이 될 수 있습니다. 사업이 망해 경제적으로 쪼들릴 수도 있고, 몸이 아픈데 병이 낫지 않을 수도 있습니다. 법규대로 차선을 지키며 운전을 했어도 음주 운전자가 반대 차선에서 나를 향해 달려들 수 있습니다.

우리는 신실한 믿음의 사람들이 이 땅에서 모든 것을 누리며 행복하게 살다 죽었다는 간증을 너무나 좋아합니다. 대부분의 간증은 하나님이 기적적으로 내 삶의 문제를 해결하셨다는 내용뿐입니다. 그러나 우리는 대부분의 믿음의 사람들이 삶에서 그런 기적을 경험하지 못한다는 것을 압니다.

우리는 약에 취한 듯 이 땅을 살아갈 수 없습니다. 우리는 이 땅의 상황을 정확하게 봐야 합니다. 우리가 기대하는 바가 아니라 눈앞에 펼쳐진 현실들을 봐야 합니다. 그리고 현실에서 살아가는 성도의 삶에 대해 성경과 믿음의 선배들의 삶의 이야기에서 현실을 봐야 합니다. 성경이 말하는 기독교는 이 땅에서 모든 것이 해결될 것이라고 약속한 적이 없습니다. 기독교는 신자가 되면 고난이 없어질 것이라고 한 번도 말하지 않았습니다. 물론 복에 대해서 언급합니다. 그러나 이 복은 "하늘에 속한 모든 신령한 복"(엡 1:3)입니다. 우리가 생각하는 그런 복, 이 땅에서 고난 없이 사는 복을 의미하지 않습니다. 만약 고난 없는 복을 약속한다면, 그것은 기독교의 외형과 표현은 가지고 있으나 기독교가 아닌 무속 종교입니다.

사랑하는 여러분, 우리는 이 땅에서 사는 게 힘듭니다. 우리로 이 땅을 살게 하시는 하나님을 도대체 이해할 수 없습니다. 상식적으로 사랑하는 자녀가 힘들어 하면 부모가 자식을 건져 주는 것이 옳은 것 같은데, 주님은 우리를 사랑한다고 하시고는 방치하는 것 같으니 말입니다. 그래서 이 땅에서 사는 성도는 주님을 믿고 사랑하고 있음에도 불구하고 때론 인생의 곤고함 때문에 울며 외칩니다. “하나님, 도대체 왜 내게 이러시는 겁니까? 거기 계시는 거 맞습니까? 그렇다면 지금 무엇을 하고 계십니까?”라고 말이죠. 도대체 우리 주님은 왜 이러시는 걸까요? 자녀의 고통 때문에 당신의 마음이 아프실 텐데, 고통받는 자녀를 왜 그냥 내버려 두실까요?

한 걸음 더 들어가 봅시다. 주님은 우리의 고난을 안다고 하시고는 그대로 두셨습니다. 이것만 해도 우리는 주님을 이해하기 어렵습니다. 그런데 주님은 우리에게 이상한 명령을 하십니다. 그런데 이 명령이 너무나 무자비해 보입니다. 다시 10절을 보겠습니다.

> 너는 장차 받을 고난을 두려워하지 말라 볼지어다 마귀가 장차 너희 가운데에서 몇 사람을 옥에 던져 시험을 받게 하리니 너희가 십 일 동안 환난을 받으리라 네가 죽도록 충성하라 그리하면 내가 생명의 관을 네게 주리라

이 말씀은 주께서 서머나 교회를 향해 하신 명령이며, 오늘날 우리에게 하신 명령입니다. 두려운 상황은 해결해 주지 않으시면서 두

려워하지 말라니요? 심지어 장차 당할 환난에 대해 차근차근 설명해 주신 후에 두려워하지 말라니, 이게 말이 됩니까? 만약 제가 성도들에게, "조금 후에 사탄의 사주를 받은 이단 사이비 사람들이 우리 중에 몇 명을 잡아 끌고 가서 감옥에 가두고 고문할 것이며, 또 몇몇 사람을 잡아 죽일 것입니다. 그러나 여러분, 두려워 말고 당하십시오"라고 한다면 어떤 느낌이겠습니까? 주님은 왜 이렇게 이상한 명령을 내리시는 것일까요? 이렇게 명령하면 우리가 두렵지 않을 거라고 생각하셨을까요? 도대체 주님의 목적은 무엇일까요?

서머나 교회는 지쳤습니다. 많이 수고했고 애썼습니다. 그래서 "내가 널 안다"라는 말 한마디에 펑펑 울었습니다. 그런데 주께서 이어 하시는 말씀은 서머나 교회를 더욱 슬프게 만들었습니다. 그들을 환난에서 건져 주겠다는 약속은 못할망정, "앞으로 네 앞에 더 큰 어려움이 있는데 그것을 두려워하지 말아라. 그리고 네가 죽도록 충성하라"고 하십니다. 심지어 죽는다 해도 너희는 나에게 충성하라는 가혹한 명령입니다. 주님이 어떻게 그런 말씀을 하실 수 있을까요? 도대체 주님은 뭘 믿고 그렇게 당당하게 "죽도록 충성하라"고 명령하실까요? 주님이 가지신 카드가 뭐길래 그리도 당당하게 서머나 교회에 더 큰 헌신을 요구하실까요?

약속하신 생명의 관

주께서 서머나 교회에 그토록 잔인한 명령을 하신 이유가 있습니다. 죽도록 애쓰는 교회에 또다시 죽기까지 충성하라고 말씀하신 이유가 있습니다. 성경은 이번 장의 본문 전체에 정답을 깔아 놓았습니다. 8-11절, 각 절에 하나씩 힌트가 들어 있습니다. 예수님은 서머나 교회에 하시는 말씀 한 마디 한 마디에 서머나 교회가 끝까지 달려갈 수 있는 약속을 주셨습니다.

> 서머나 교회의 사자에게 편지하라 처음이며 마지막이요 죽었다가 살아나신 이가 이르시되 내가 네 환난과 궁핍을 알거니와 실상은 네가 부요한 자니라 자칭 유대인이라 하는 자들의 비방도 알거니와 실상은 유대인이 아니요 사탄의 회당이라 너는 장차 받을 고난을 두려워하지 말라 볼지어다 마귀가 장차 너희 가운데에서 몇 사람을 옥에 던져 시험을 받게 하리니 너희가 십 일 동안 환난을 받으리라 네가 죽도록 충성하라 그리하면 내가 생명의 관을 네게 주리라 귀 있는 자는 성령이 교회들에게 하시는 말씀을 들을지어다 이기는 자는 둘째 사망의 해를 받지 아니하리라(8-11절)

8절은 주님을 "죽었다가 살아나신 이"로 표현합니다. 9절은 "실상은 네가 부요한 자니라"고 서머나 교회에 대해 규정합니다. 10절에서 끝까지 충성한 자에게 "생명의 관"을 약속하시고, 11절은 이 명령을 지키는 모든 이 땅의 교회와 성도들에게 하시는 약속으로 "이기는 자는 둘째 사망의 해를 받지 아니하리라"고 합니다. 이 힌트들을 종합하면, 주께서 준비하신 선물의 내용을 확인할 수 있습니다.

여러분, 주님이 약속하시는 것은 '생명'입니다.

> 귀 있는 자는 성령이 교회들에게 하시는 말씀을 들을지어다 이기는 자는 둘째 사망의 해를 받지 아니하리라(11절)

주께서 자신을 소개할 때, 이미 사망을 이기고 부활하신 분이며, 생명의 주관자이심을 선언하십니다. 서머나 교회를 향해 그들의 외적인 생명(몸)은 환난을 당하고 궁핍하지만, 그들의 영혼이나 영원한 생명은 점점 더 풍성해지고 있다고 하십니다. 세상에서 받는 고난을 두려워하지 않을 수 있는 이유와 죽기까지 충성할 수 있는 능력의 근원도 '생명의 관'이 준비되어 있기 때문입니다. 영원한 생명을 주신답니다. 이 세상에서의 생명이 아니라 영원한 나라에서의 생명을 주겠다고 약속하십니다. 그리고 마지막으로, 충성하는 이 땅의 모든 교회에 '둘째 사망의 해를 받지 않을 것'이라고 약속하십니다.

영국 청교도 명언 중에 "한 번 태어나면 두 번 죽고, 두 번 태어나면 한 번 죽는다"라는 말이 있습니다. 이는 '어머니의 몸에서 태어나기만 한 사람은 몸이 먼저 죽고, 그 다음에는 영혼이 영원한 지옥에서 사망한다. 그러나 어머님의 몸에서 태어난 후, 물과 성령으로 거듭나서 두 번 태어난 사람들은 육신의 죽음은 경험하나 영원한 지옥의 사망은 경험하지 않는다'는 뜻입니다. 거듭남의 중요성과 거듭나지 않은 인생의 비참함을 설명한 것입니다. 둘째 사망에 들어가지 않으려면 반드시 두 번 태어나는 은혜를 경험해야 합니다.

서머나 교회를 위해 주께서 준비한 선물은 '생명'이었습니다. 유한한 이 땅에서의 생명이 아니라 영원한 생명을, 이 땅에서 끝까지 주께 충성한 이들을 위해 준비하셨다고 말씀하십니다. 그 무엇과도 바꿀 수 없는 가장 좋은 것을 주께서 상으로 준비하신 것입니다. 이제까지 우리는 주께서 우리에게 너무 큰 것을 요구한다고 생각했습니다. 죽기까지 순종하라는 말은 폭력 같았습니다. 고생하는 것을 안다고 하시고 도와주지 않으신 것도 야속했습니다. 두려운 상황 가운데 두시고는 두려워하지 말라고 하신 것도 속상했습니다. 그런데 주께서 마지막 카드를 꺼내시는 순간, 이제까지 주께서 하신 모든 명령이 이해됩니다. 주께서 우리를 위해 엄청난 것을 준비해 놓으셨습니다. '영원한 생명' 말입니다. 하늘 아버지께서 웃고 계십니다. 잠시 잠깐 사는 이 땅의 삶에서 도무지 얻을 수 없는 것을 주께서 준비해 놓으셨기 때문입니다. 이 땅에서 주는 어떤 것과도 비교할 수 없는 '영원한 생명'을 상으로 주시겠답니다. 이것이 주께서 그리도 당당하게 우리에게 충성을 요구하신 이유였습니다. 이미 준비해 놓으신 상이 정말 큰 것이었기에 우리에게 분명한 충성을 요구하신 것입니다.

주님의 사랑

주를 위해 사는 것은 쉽지 않습니다. 주님을 열심히 믿는다고 해서 풀리지 않던 일이 갑작스럽게 잘된다거나 어려운 상황이 해결되지 않습니다. 많은 시간을 주께 드렸기에 우리에게 무슨 보상을 해 주신다거나, 혹자가 말한 것처럼 천국 은행 이자율이 1,000퍼센트이기에 헌금한 것이 10배가 되어 돌아온다는 약속은 성경에 없는 거짓 약속입니다. 기독교는 그런 것을 약속하지 않습니다. 최선을 다해 주님을 섬겼건만 마지막까지 별 볼 일 없이 떠난 믿음의 선배들도 수없이 많았고 지금도 우리 주변에 있습니다. 죽어라 주를 위해 살았고, 심지어 죽기까지 했지만 사람들의 기억 속에 이름도 남지 않은 무명의 순교자들이 이 땅에는 넘치도록 많습니다.

주님이 우리 삶 가운데 행하시는 일은 이해할 수 없을 때가 많습니다. 아니, 우리는 그분을 거의 이해하지 못합니다. 주님은 우리보다 훨씬 크십니다. 그분께서 왜 이 세상을 이렇게 경영하시는지 우리는 이해할 수 없습니다. 세상은 인과율로 돌아가지 않습니다. 반드시 뿌린 대로 거두지 않습니다. 악한 자가 잘되기도 하고 선한 자가 망하기도 합니다. 세상이 공평하다는 것은 허상입니다. 세상은 공평하지 않습니다. 지금도 우리가 알지 못하는 영역에서 얼마나 악한 일들이 벌어지는지 우리는 알지 못합니다. 우리는 악이 얼마나 큰지 모르며, 내일 우리 삶에 일어날 일들이 어떠할지 모릅니다. 우리는 이 우주를 움직이시는 하나님에 대해, 그리고 그분이 무엇을 어떻게 하실지에 대해, 온통 이해할 수 없는 것투성입니다.

수년 전, 청년 사역을 할 때였습니다. 기술과 능력이 부족한 저는 늘 열심히 많은 시간을 들여 그들을 섬길 수밖에 없었습니다. 어느 주일 밤 열두 시가 다 되어 집에 들어갔습니다. 하루 종일 교회 안에서 여러 상황을 접하면서 너무 지쳐 버렸습니다. 집으로 들어온 저는 현관 거울 아래쪽 벽에 잠시 기대었다가 그냥 옆으로 쓰러져 누웠습니다. 몸에 힘이 하나도 없었습니다. 도무지 일어나 씻고 옷을 갈아입고 방에 들어가 누울 힘이 없었습니다. 하루 종일 들었던 학생들의 이야기가 계속 들리는 것 같습니다. 정말 이제 그만하고 싶다는 생각이 막 올라왔습니다.

인기척에 잠이 깬, 다섯 살 난 제 딸이 안방에서 나왔습니다. 그리고 그렇게 현관에 쓰러져 있는 저에게 다가왔습니다. 평소에 저는 딸에게 강한 아빠이고 싶어서 늘 벌떡 일어났는데, 그날은 그럴 힘조차 없어 그냥 누워 있었습니다. 평소와 다른 저를 보고 딸은 잠깐 당황했나 봅니다. 그러더니 제 이마에 손을 대고 물었습니다. "아빠, 힘들어?" 저는 딸에게 "응, 힘들어"라고 대답했습니다. 딸은 그런 저를 걱정그러운 듯 내려다 보더니 갑자기 뭔가 생각이 난 듯 제게도 익숙한 찬양을 불러 주기 시작했습니다.

주를 위해 살아가는 것 쉽지만은 않아요.
나의 욕심 부와 명예 내려놓아야 하죠.
하지만 걱정하지 마요.
나를 드리는 순간,
아버지의 크신 손이 강하게 붙드시지요.

남궁송옥이 부른 '죽으면 죽으리라'라는 곡이었습니다. 다섯 살짜리 딸에게서 "주를 위해 살아가는 것 쉽지만은 않아요"라는 가사를 들을 때, 제 눈에서 참고 있던 눈물이 쏟아졌습니다. 주께서 지친 제게 딸을 통해 말씀하셨기 때문입니다.

여러분, 우리는 그분을 사랑해야 합니다. 그분을 믿어야 합니다. 때로 이해할 수 없지만, 그분이 나를 사랑하시기에 이 모든 일과 과정을 통해서 반드시 더 나은 것을 주실 것입니다. 어떠한 경우라도 그분의 뜻이라면 끝까지 순종하는 비장함이 있어야 합니다. 우리는 주님을 이해할 수 없습니다. 그러나 우리는 그분이 우리를 사랑하신다는 것을 믿으며, 그분의 선하신 계획을 신뢰해야 합니다. 도무지 이해할 수 없는 상황에서조차 나를 향해 "죽도록 충성하라" 하시는 그분 앞에, 또 일어나 앞으로 나아가야 합니다. 저는 딸이 부르는 찬양 속에서 나를 위해 생명의 관을 주실 하나님을 바라보며 다시 일어났습니다. 저를 일으키신 하나님이 여러분도 일으켜 다시 충성의 자리로 나아가게 하시기를 바랍니다.

3장

이리로 올라오라

1이 일 후에 내가 보니 하늘에 열린 문이 있는데 내가 들은 바 처
음에 내게 말하던 나팔 소리 같은 그 음성이 이르되 이리로 올라
오라 이 후에 마땅히 일어날 일들을 내가 네게 보이리라 하시더
라 2내가 곧 성령에 감동되었더니 보라 하늘에 보좌를 베풀었고
그 보좌 위에 앉으신 이가 있는데 3앉으신 이의 모양이 벽옥과 홍
보석 같고 또 무지개가 있어 보좌에 둘렀는데 그 모양이 녹보석
같더라 4또 보좌에 둘려 이십사 보좌들이 있고 그 보좌들 위에
이십사 장로들이 흰 옷을 입고 머리에 금관을 쓰고 앉았더라 5보
좌로부터 번개와 음성과 우렛소리가 나고 보좌 앞에 켠 등불 일
곱이 있으니 이는 하나님의 일곱 영이라 6보좌 앞에 수정과 같은
유리 바다가 있고 보좌 가운데와 보좌 주위에 네 생물이 있는데
앞뒤에 눈들이 가득하더라 7그 첫째 생물은 사자 같고 그 둘째 생
물은 송아지 같고 그 셋째 생물은 얼굴이 사람 같고 그 넷째 생
물은 날아가는 독수리 같은데 8네 생물은 각각 여섯 날개를 가졌

고 그 안과 주위에는 눈들이 가득하더라 그들이 밤낮 쉬지 않고
이르기를 거룩하다 거룩하다 거룩하다 주 하나님 곧 전능하신 이
여 전에도 계셨고 이제도 계시고 장차 오실 이시라 하고 [9]그 생물
들이 보좌에 앉으사 세세토록 살아 계시는 이에게 영광과 존귀
와 감사를 돌릴 때에 [10]이십사 장로들이 보좌에 앉으신 이 앞에
엎드려 세세토록 살아 계시는 이에게 경배하고 자기의 관을 보좌
앞에 드리며 이르되 [11]우리 주 하나님이여 영광과 존귀와 권능을
받으시는 것이 합당하오니 주께서 만물을 지으신지라 만물이 주
의 뜻대로 있었고 또 지으심을 받았나이다 하더라

요한계시록 4장 1-11절

오늘날 많은 사람이 진화론의 일종인 '환경 결정론'을 믿습니다. 사람의 환경이 그 사람의 미래를 결정한다는 관점입니다. 이러한 주장의 근거로 제시된 것이 미국의 슬럼가에서 태어난 아이들과 미국 중산층에서 태어난 아이들의 20년 후 삶을 비교하여 통계 낸 조사 결과입니다. 슬럼가에서 태어나 자란 아이들이 감옥에 있는 확률이, 중산층 자녀들에 비해 현격하게 높다는 것을 근거로 제시했습니다. 분명 태어나고 자란 환경이 사람의 삶에 영향을 미칠 수 있습니다. 그리고 어려운 환경에서 자란 아이들의 범죄율이 그렇지 않은 지역에서 자란 아이들에 비해 더 높을 수 있습니다. 저는 이 통계가 충분히 개연성이 있다고 생각합니다. 그러나 이러한 통계가 '환경이 인간의 삶을 결정한다'라는 법칙을 만들어 낼 수는 없다고 생각합니다. 너무 많은 예외 때문입니다. 환경 결정론을 동물의 세계에 적용한다면, 저는 법칙이 될 만큼의 개연성이 확보될 수 있다고 생각합니다. 그러나 인간에게는 예외가 너무 많습니다. 제 주변에는 아주

열악한 환경에서도 아름답게 자란 사람이 많습니다. 이들을 표현하는 우리나라 속담은 "개천에서 용 났다"입니다. 환경이 영향을 줄 수 있지만 그 영향력이 절대적이지 않음을 보여 주는 말입니다. 인간은 환경을 뛰어넘을 수 있는 존재입니다. '어쩔 수 없는 존재'가 아니라 '어쩔 수 있는 존재'가 인간입니다.

"사실에 대한 태도는 그 사실보다 훨씬 중요하다." 미국의 정신 병리학자인 칼 메닝거(Karl Menninger) 박사는 《인간의 마음》이라는 책에서 "사람에게 상황보다 더 중요한 것이 그 상황을 바라보는 관점"이라고 하며 앞의 선언을 했습니다. 메닝거 박사는 인간의 마음이 진화론자들이 생각하는 것처럼 환경에 절대적인 영향을 받는다고 생각하지 않았습니다. 그는 인간의 마음이 지닌 능력은 환경을 뛰어넘는다고 주장했습니다. 그러한 관점에서 환경을 뛰어넘어 자기만의 가치를 만들어 내고 사람들에게 영향을 끼친 이들의 이야기를 들려주었습니다.

때로 우리는 자신의 힘으로 바꿀 수 없는 상황을 경험합니다. 내가 아무리 노력한다고 해도 안 될 것 같은 현실의 거대한 장벽 말입니다. 그래서 내가 그 상황보다 작다고 생각합니다. 그러나 메닝거 박사의 표현을 빌리자면, '나는 그 상황보다 큽니다.' 그 상황에서 나는 나의 태도를 결정할 수 있기 때문입니다. 같은 상황 속에서 다른 태도를 취해 전혀 다른 행동과 열매를 만들 수 있습니다. 과연 그럴 수 있을까요?

계시록 4장과 5장에서 우리는 메닝거 박사가 주장한 '나는 그 상황보다 크다'와 비슷한 말을 들을 수 있습니다. 상황을 뛰어넘거나 상황에 굴복하지 않는 사람들의 모습입니다. 이 땅에 사는 성도는 이 세상의 상황에 의해 결정되지 않는 사람들입니다. 그리고 그런 성도의 비결이 계시록에 들어 있습니다.

성도의 삶이 힘들다는 것을 여러모로 듣고 있습니다. 힘겨운 일상을 살아가는 성도에게 필요한 것은 어쩌면 잘 쉬고 잘 먹고 잘 노는 휴식의 시간일 겁니다. 그런데 저는 그것으로 성도가 이 땅의 힘겨운 삶을 헤쳐 나갈 수 있을지 의구심이 듭니다. 기독교에 적대적인 세상 속에서 하루하루 살아가는 성도에게는 힘과 용기와 능력도 필요합니다. 그런 것들은 어디서 나올까요? 바로 계시록의 말씀입니다. 계시록이 우리에게 힘과 위로와 소망이 된다는 것은 오늘날 우리보다 더 열악한 상황에서 지낸 이 책의 첫 독자들이 경험한 바 있습니다. 어쩌면 그들은 가장 어려운 시기에 힘든 상황을 겪은 성도들이었습니다. 그들이 계시록의 말씀을 통해 회복과 위로를 경험했다면, 오늘날 우리에게도 유사한 효과가 있을 것입니다.

이리로 올라오라

앞서 살펴보았지만 주후 1세기 소아시아 교회들은 엄청난 위기를 경험했습니다. 황제의 핍박이 갈수록 심해지면서 어떤 이들은 순교의 자리에, 어떤 이들은 감옥에 갔으며, 또 수많은 사람이 기독교 신앙을 버리고 배교의 길을 선택했습니다. 눈에 보이는 상황만 보면 이제 기독교는 다 끝난 것 같았습니다. 역사상 수많은 운동이 그러했듯이, 기독교도 잠깐 폭발적인 성장과 영향력을 보이다가 한 세기를 견디지 못하고 사라져 버릴 것처럼 보였습니다. 요한 이외에는 예수님의 직계 제자였던 사도들도 죽었고, 그 사도들에게 직접 가르침을 받아 세워진 교회도 대부분 지상에서 사라졌습니다. 더 이상 드러내어 예배를 드릴 수 없게 된 마지막 신앙 공동체들은 사람들의 시선을 피해 교외나 지하로 숨어들어 갔습니다. 아마도 그렇게 숨어 들어가 예배의 맥을 이어 갔을 한 공동체에 예수님의 제자 요한의 편지가 도착했습니다. 사도 요한의 편지가 반갑기는 합니다. 자신들을 기억해 주었다는 것에, 또 이렇게 긴 편지를 써 주었다는 데 감동했습니다. 하지만 그들이 처한 현실을 생각할 때 이 편지가 과연 무슨 위로가 될까요? 고난 받던 교회는 아마 특별한 기대감 없이 요한의 편지를 읽기 시작했을 것입니다.

> 이 일 후에 내가 보니 하늘에 열린 문이 있는데 내가 들은 바 처음에 내게 말하던 나팔 소리 같은 그 음성이 이르되 이리로 올라오라 이 후에 마땅히 일어날 일들을 내가 네게 보이리라 하시더라(4:1)

1장에 나와 있는 인사말, 2장과 3장에 있는 소아시아 일곱 교회들에 대한 구체적인 책망과 권면들, 이 모든 서론을 마친 요한은 이제 본론으로 들어갑니다. 그런데 시작하는 말이 "이리로 올라오라"입니다. 예수님이 요한에게 직접 하신 말씀입니다. "이리로 올라오라! 내가 이후에 너희가 경험할 것이 무엇인지를 보여 주마. 네가 지금 보는 것이 이 세상의 전부가 아니란다. 네 눈에 보이는 것처럼 교회들이 다 망한 것 같고, 성도들이 모두 배교하는 것 같고, 신실한 그리스도인들은 다 죽는 것 같은 모습이 세상의 전부가 아니란다. 네가 보지 못한 엄청난 것들이 있단다. 나는 내가 보고 있는 것, 그리고 네가 이후에 보게 될 것들을 네게 보여 주고 싶구나. 네가 그것들을 정확히 보기만 하면, 지금 눈앞에서 일어나는 모든 것에 대한 네 태도가 바뀔 테니, 사랑하는 나의 제자 요한, 내 사랑하는 교회여, 이리로 올라오라!" 주님은 지금 요한과 이 땅에 있는 교회를 당신이 보여 주고 싶은 세계로 초청하고 계십니다.

열왕기하 6장에 엘리사 선지자가 도단이라는 성에 있을 때, 아람 군대가 성을 포위했습니다. 엘리사의 예언으로 이스라엘 공격에 번번이 실패한 아람 왕이 엘리사를 잡기 위해 일부러 성을 포위했습니다. 엘리사의 사환은 포위한 군대를 보고 놀라고 두려워 엘리사에게 달려옵니다. 그때 엘리사는 사환을 향해 "두려워하지 말라"는 속 편한 소리를 합니다. 여기서 정상적인 사람은 사환입니다. 적들이 둘러 진을 치고 있으면 놀라고 두려워해야 합니다. 자신을 죽이려는 군대가 둘러싸고 있고, 도망갈 곳이 없습니다. 그런데 엘리야는 이런 상황에서 두려워 말라고 합니다. 엘리사와 사환은 같은 처지입니다. 그런데 동일한 상황에서 이 둘은 전혀 다르게 반응하고 있습니다. 이유가 무엇일까요? 이후에 사환에게 하는 엘리사의 말에 힌트가 있습니다.

엘리사는 하나님께 사환의 눈을 열어 주시기를 구했고 그의 눈이 열렸습니다. 영적인 눈, 영안이 열린 것입니다. 그러자 사환의 눈에 이전에 보이지 않던 것이 보입니다. 자신들을 지키기 위해 하늘에서 내려온 하나님의 군대가 보이기 시작했습니다. 아람 군대에게 포위된 상황에서 엘리사와 사환이 다르게 반응한 이유는 사환에게는 보이지 않는 것이 엘리사에게는 보였기 때문입니다. 하나님께서 엘리사를 보호하려고 보내신 천사 군대가 보이지 않았던 사환이 두려워 떠는 것은 당연합니다. 하나님의 군대가 성을 둘러싼 아람 군대보다 더 많은 것을 본 엘리사가 두려워하지 않는 것 역시 당연합니다. 두려워하지 않으려고 마음을 먹고 스스로에게 최면을 건 것이 아닙니다. 그냥 두렵지 않았습니다. 그의 눈에 선명하게 하나님의 군대가 보였기 때문입니다. 눈에 보이는 상황만 보면 사환이 정상입니다. 그러나 영적인 눈으로 보면 천사를 보고 있는 엘리사의 반응이 정상입니다. 엘리사는 영적인 눈에 보이는 것들로 현실의 위기 속에서 당당할 수 있었습니다.

다윗이 자신의 아들 압살롬의 위협에서 도망할 때 지은 시편 3편이 떠오릅니다.

> 내가 누워 자고 깨었으니 여호와께서 나를 붙드심이로다 천만인이 나를 에워싸 진 친다 하여도 나는 두려워하지 아니하리이다 여호와여 일어나소서 나의 하나님이여 나를 구원하소서 주께서 나의 모든 원수의 뺨을 치시며 악인의 이를 꺾으셨나이다 구원은 여호와께 있사오니 주의 복을 주의 백성에게 내리소서 셀라(시 3:5-8)

다윗이 아들의 반역으로 낙담했습니다. 그런데 자고 일어나는 일상의 한 순간에 여호와 하나님께서 자신을 붙들고 계심을 경험했습니다. 다윗 안에 있던 두려움이 한순간에 날아갔습니다. "천만인이 나를 에워싸 진 친다 하여도 나는 두려워하지 아니하리이다"(6절). 이런 용기가 갑자기 생겼습니다. 주께서 나를 붙들고 계시며, 주님의 손을 이길 수 있는 원수가 없다는 것을 깨달았기 때문입니다. 영적인 눈이 열리고 이전에 볼 수 없었던 것을 본 결과입니다.

사랑하는 여러분, 저는 우리의 삶에서도 이렇게 눈이 열리는 시간, 하나님께 붙들리어, 높이 올라가는 시간이 있어야 한다고 생각합니다. 눈에 보이는 삶에서 잠시 떠나 영적인 눈에만 보이는 세상으로 올라가 봐야 합니다. 교회가 사방에서 두들겨 맞는 이런 시대에서 어떻게든 성도답게 살기를 소원한다면 방법은 이것밖에 없습니다.

눈에 보이는 세상은 폭풍이 몰아치는 바다와 같습니다. 우리는 작은 배를 타고 그 위에 있습니다. 하루 종일 열심히 노를 젓고 있지만 배가 앞으로 나가는지조차 알 수 없습니다. 과연 우리 앞의 파도를 감당할 수 있을까요? 이 거대한 폭풍을 뚫고 주께서 가라고 하신 곳까지 갈 수 있을까요? 이 어려운 상황이 해결될까요? 우리는 수없이 고민합니다. 특별한 사람만 하는 대단한 고민이 아닙니다. 거대한 파도가 이는 바다를 보면서 한숨을 쉬고 눈앞의 한계를 보면서도 우리는 노를 젓습니다. 끝없이 의문이 생깁니다. 나는 지금 바른 방향으로 가는 건가? 도무지 삶의 거대한 그림을 볼 수 없을 만큼 일상이라는 강력한 힘에 우리의 시선이 매여 있습니다.

예수님은 이렇게 방향을 알지 못한 채 열심히 달리고 있는 우리에게 "잠깐 멈춰 서라"고 말씀하십니다. 미로에서 조금이라도 빨리 출구를 찾기 위해 달려가려는 우리를 향해 멈추라고 말씀하십니다. 미로에서 나오기를 원한다면, 먼저 최대한 높은 곳에 올라가서 새로운 시선으로 미로 전체를 봐야 한다고 말씀하십니다. 빨리 달리는 것보다 더 중요한 것이 방향이고, 정확한 방향을 잡으려면 먼저 높은 곳에 올라가서 전체를 봐야 합니다.

하늘 보좌에 누가 앉아 있는가

주님이 요한을 들어 올리셨습니다. 단순하게 요한이 공중으로 올라갔다고 생각하면 안 됩니다. 요한의 눈이 열리고 이전에는 볼 수 없었던 세계가 보인 것입니다. 요한은 성령에 감동되었고, 성령께서 요한의 영적인 눈을 밝히셨습니다. 그리고 그 요한의 눈앞에 천상의 놀라운 광경이 펼쳐집니다.

> 내가 곧 성령에 감동되었더니 보라 하늘에 보좌를 베풀었고 그 보좌 위에 앉으신 이가 있는데 앉으신 이의 모양이 벽옥과 홍보석 같고 또 무지개가 있어 보좌에 둘렸는데 그 모양이 녹보석 같더라 또 보좌에 둘려 이십사 보좌들이 있고 그 보좌들 위에 이십사 장로들이 흰 옷을 입고 머리에 금관을 쓰고 앉았더라 보좌로부터 번개와 음성과 우렛소리가 나고 보좌 앞에 켠 등불 일곱이 있으니 이는 하나님의 일곱 영이라 보좌 앞에 수정과 같은 유리 바다가 있고 보좌 가운데와 보좌 주위에 네 생물이 있는데 앞뒤에 눈들이 가득하더라(2-6절)

2-6절의 내용은 하늘에 있는 하나님의 보좌와 그 주변에 대한 묘사입니다. 이는 사실적 묘사라기보다 상징적 묘사입니다. 현대를 사는 우리에게는 이런 상징적 이미지가 무엇을 의미하는지 세세한 설명이 필요하지만, 당시 교회들은 이런 상징적 이미지를 충분히 공유하고 있었기 때문에 계시록의 첫 독자들은 특별한 설명이 없어도 묘사나 상징을 연결시켜 이해하는 데 어려움이 없었습니다.

하늘의 열린 문으로 올라간 요한은 눈앞에 펼쳐진 위대한 광경을 봅니다. 거기에는 하나님께서 보좌에 앉아 계시고 그 주변 가득히 아름다운 색깔의 무지개가 펼쳐져 있었습니다. 하나님이 앉아 계신 보좌 주변에 또 다른 스물네 개의 보좌가 있었고, 그 보좌 위에는 머리에 면류관을 쓰고 앉아 있는 스물네 명의 장로들이 있었습니다. 보좌 앞에 수정 같은 유리 바다가 있고, 눈이 가득한 날개를 여섯 개씩 가진, 세상에서 보지 못한 생물이 앉아 있었습니다. 이것이 요한이 본 하늘(천국)이었습니다. 이들 모두 다 상징하는 바가 있습니다. 그러나 이 모든 것을 살펴볼 수 없기에 이 모든 상징의 중심에 있는 '보좌'에 대해서만 살펴보겠습니다.

하늘의 열린 문을 통과해 올라간 요한이 처음 본 것은 '보좌'였습니다. 이 짧은 본문에 '보좌'라는 단어가 열 번이나 반복해서 등장합니다. 핵심 개념이기 때문입니다. 본문에 있는 모든 상징이 이 보좌와 관계 있다고 보셔도 됩니다. 보좌 위, 보좌 앞, 보좌 옆, 보좌 아래로 말입니다. 그렇다면, 보좌가 상징하는 것은 무엇일까요? 보좌는 예로부터 '통치'를 상징했습니다. 누군가 보좌에 앉았다는 것은 그가 나라를 통치하는 왕이라는 의미입니다.

예수님이 요한과 교회에 보여 주시는 첫 번째 그림은 '지금 보좌에 누가 앉아 있는지'였습니다. 주님은 왜 요한에게 수많은 것 중에 가장 먼저 이 보좌를 보여 주셨을까요? 우리는 이 땅을 살면서 마귀가 통치하는 것 같다고 생각할 때가 있습니다. 일이 잘 안 풀리거나 생각했던 길들이 막히거나 그 시간이 길어질 때, 우리 마음에 과연 하나님이 이 땅을 통치하시는 게 맞는지 의문이 듭니다. 초대 교회도 마찬가지였습니다. 계속되는 핍박 속에서 그들은 하나님이 이 땅을 통치하고 계시는지 질문할 수밖에 없었습니다. 그들이 겪는 상황에서 도무지 하나님의 통치가 느껴지지 않았기 때문입니다. 그런데 그런 교회를 향해 주님이 처음 보여 주시는 하늘의 광경은 하나님께서 여전히 보좌에 앉아 계신 모습입니다. 하나님께서 여전히 보좌에 계신다는 것은 주께서 여전히 이 땅과 우주를 통치하고 계시고, 세상은 여전히 그분의 뜻대로 움직인다는 것을 선언하는 그림입니다.

아무리 이 세상이 문제가 많고 상황이 어려운 것 같아 보일지라도 세상의 주인은 사탄이 아닙니다. 여전히 하나님께서 이 우주의 통치자십니다. 하나님은 한 번도 그 보좌를 누군가에게 내어 준 적이 없습니다. 그분은 여전히 보좌에서 이 땅을 통치하십니다. 여전히 하나님께서 이 세상의 왕이십니다.

사랑하는 여러분, 예수님이 요한에게 하늘 보좌를 보여 주신 것은 오늘날 우리에게도 동일한 것을 보고 깨달으라는 메시지입니다. 우리 역시 눈을 열어 이 세상을 과연 누가 통치하는지를 보라는 것입니다. 여러분은 이 세상을 누가 통치한다고 생각하십니까? 이 질문은 대단히 중요합니다. 어떤 이들은 교회에 다니고 신앙고백을 하면서도 이 질문 앞에서 그릇된 대답을 합니다.

저는 심방과 상담을 하면서, 신앙이 있는 것 같으나 신앙이 없는 사람들을 가끔 만납니다. 저는 속으로 그들을 '실천적 무신론자'라고 합니다. 그들은 "나는 그리스도인입니다"라고 신앙고백은 합니다. 그러나 조금만 이야기해 보면, 하나님께서 이 세상을 다스리신다는 것을 전혀 믿지 않는 것을 확인할 수 있습니다. 그런 사람들은 지금 자신이 처한 상황에 대한 분명한 이유가 있습니다. "내게 돈이 있었더라면……, 건강이 있었더라면……, 권력이 있었더라면……, 운이 있었더라면……." 늘 이런 수많은 이유를 들어 자신이 겪는 어려움의 원인을 말합니다. 저는 이런 표현이 그들이 믿는 바에 대한 솔직한 고백이라고 생각합니다. 특히, 돈은 그들이 생각하기에 세상을 움직이는 신입니다. 사람들은 돈이 인생의 문제를 해결해 줄 수 있다고 믿습니다. 그래서 그들의 신인 돈을 더 많이 벌 수 있게 해 주는 것은 무엇이든 얻으려 합니다. 외모, 학벌, 권력도 사실 하나의 신입니다. 이것만 있으면 내 인생에서 대부분의 문제를 해결할 수 있다고 믿기 때문에 그렇게 모든 것을 다 걸고 추구하는 것입니다.

물론 성도들은 이 세상의 주인이 돈이라고 대놓고 말하지는 않습니다. 그러나 그렇게 고백하지 않는다 할지라도 그들의 삶 대부분, 특히 시간과 힘을 돈이나 외모나 학벌이나 권력을 얻는 데 쓰고 있다면 그게 무엇을 의미하는 걸까요? 자고 일어나 하는 생각이 대부분 돈이거나 심지어 꿈꾸는 것마저 돈이라면, 분명 그는 세상의 신인 돈을 섬기는 자입니다. 우리는 두 주인을 섬길 수 없고, 두 왕의 신하가 될 수 없습니다. 한 왕에게 충성을 맹세하면 다른 왕에게 충성하는 것은 불가능합니다. 우리는 우리의 진정한 통치자에게 충성을 맹세합니다. 그리고 우리의 삶은 그 충성을 고백한 결과물입니다. 삶은 우리가 믿는 바가 무엇인지 증명하는 유일한 통로입니다.

초대 교회 성도들의 근본적 고민은 통치의 문제였습니다. 로마는 너무 강력했습니다. 황제는 당시 모든 세상을 지배했습니다. 세상은 그가 원하는 대로 굴러가는 것 같았습니다. 황제는 그야말로 절대 권력을 휘둘렀습니다. 당시 황제였던 도미티아누스는 기독교에 엄청난 박해를 가했지만 문제될 것이 없었습니다. 그가 로마 제국의 황제였기 때문입니다. 도미티아누스가 세상을 지배하는 것 같았습니다. 그런데 예수님은 "이리로 올라와[서]" 다시 봐야 한다고 말하십니다. 요한은 올라가서 황제의 보좌와 비교할 수 없을 만큼 아름다운 보좌와 그 보좌에 앉아 계신 하나님을 보았습니다. 로마 황제가 이 세상을 통치하는 게 아니라는 걸 보여 주신 것입니다. 세상을 통치하는 진짜 왕은 하나님이십니다. 도미티아누스는 잠깐 왕 놀이를 하고 있을 뿐입니다. 진짜 왕은 이 모든 상황을 보시며 뭔가를 진행하십니다. 황제에게 절하지 않고, 살아 계신 주만 섬기던 당시 성도들의 결단과 삶이 옳았음을 보여 주신 것입니다.

우리의 왕은 누구입니까? 우리는 이 땅에서 우리가 충성할 분을 정해야 합니다. 황제는 무엇입니까? 잠시 있다가 사라지는 안개입니다. 허상입니다. 잠깐 세상을 지배하는 것처럼 보일 뿐입니다. 바람이 불면 곧 사라질 것입니다. 그들은 결코 영원히 왕일 수 없습니다. 황제를 의미하는 권력은 지나가고, 외모도 지워지고, 돈도 어느 때에는 필요 없게 될 것입니다. 만약 우리가 유한한 왕을 섬겼다면, 우리의 삶 전체도 결국에는 허무하게 끝날 것입니다. 그런데 여기에 진짜 왕, 영원한 왕이 있습니다. 주 여호와 하나님이십니다. 그분의 보좌는 한 번도 흔들린 적이 없습니다. 찬란하게 빛나는 보좌는 한 번도 위협당한 적이 없습니다. 저는 그 왕을 섬깁니다. 저는 결코 그 분을 배신하지 않을 것입니다. 제가 그분을 배신하지 않는 이유는 분명합니다. 제 왕이 정하신 때에 세상 거짓 왕들을 무너뜨리실 것이기 때문입니다. 어느 날 우리의 왕은 세상의 모든 거짓 왕의 보좌를 부숴 버릴 것입니다. 그래서 저는 부서질 보좌를 절대로 섬기지 않겠습니다. 저는 영원한 보좌 옆에 있을 것이며 영원하신 왕을 섬기는 자로 그 앞에 있을 것입니다.

네 생물이 부르는 노래

이제 7-9절에 나오는, 보좌 앞에 있던 특이한 네 생물 이야기를 해

봅시다. 이 부분은 도대체 무슨 말인지 모르겠다고 생각할 만합니다. 일단 이 네 생물을 성경에 쓰인 대로 정밀화 그리듯 6절 하반부에서 8절 상반부까지 읽어 보겠습니다.

> ……네 생물이 있는데 앞뒤에 눈들이 가득하더라 그 첫째 생물은 사자 같고 그 둘째 생물은 송아지 같고 그 셋째 생물은 얼굴이 사람 같고 그 넷째 생물은 날아가는 독수리 같은데 네 생물은 각각 여섯 날개를 가졌고 그 안과 주위에는 눈들이 가득하더라……

6절에 있는 네 생물에 대한 묘사를 보면, 일단 처음부터 고개가 갸우뚱해집니다. "앞뒤에 눈들이 가득하더라"라고 했습니다. 수많은 눈이 앞뒤에 가득한 생물을 떠올려 보십시오. 대단히 징그럽지 않습니까? 거기다 네 생물들의 형태는 대부분 같은데 얼굴은 전혀 다른 모양을 하고 있습니다. 같은 몸인데 각각 사자와 송아지와 사람과 독수리의 얼굴입니다. 네 생물은 각각 여섯 날개가 있는데, 이 날개에도 온통 눈들이 붙어 있습니다.

여러분, 이 생물을 머릿속으로 그려 보십시오. 도대체 이게 무엇일까요? 제가 느끼는 이미지의 핵심은 '눈들이 가득하다'는 점입니다. 만약 천국에 가서 이 네 생물을 대면했다고 생각해 봅시다. 갑자기 이 생물들이 우리를 천국에 왔다고 반가워하면서 다가옵니다. 그나마 사람 얼굴 같은 세 번째 생물이 친근하게 다가와 인사합니다. 얼굴은 사람이지만 날개는 온통 눈으로 가득합니다. 그 눈들이 각자 깜박거리고, 눈동자가 왔다갔다 합니다. 이런 생물들이 다가와 말을 건다면, 여러분은 어떻게 하시겠습니까? 저는 이 생물들과 친해지기 어려울 것 같습니다.

단언하건대, 천국에 이렇게 생긴 괴상한 생명체는 없습니다. 계시록에 있는 묘사들은 문자 그대로 이해해야 하는 것이 아닌 상징적 묘사입니다. 이 생물들 역시 마찬가지입니다. 이미 구약 선지자에 의해 선포된 예언 중에 있던 생물들입니다. 그리고 이 생물들에 대한 예언에서 어느 정도 이 생물들이 상징하는 것이 무엇인지 밝혀졌습니다. 에스겔서와 이사야서에서 등장했던 이 생물들은 하나님이 만드신 이 땅에 있는 모든 피조물의 대표입니다. 짐승의 대표로 사자의 얼굴을, 가축의 대표로 소의 얼굴을, 피조물의 대표로 인간의 얼굴을, 날짐승의 대표로 독수리의 얼굴을 가져온 것입니다. 땅의 피조물들이 각기 다투지 않고 하나가 되어 그들의 창조주를 향해 찬양하는 것을 보여 주는 그림입니다.

이 생물들의 눈에 대한 묘사는 그들이 가진 지혜를 의미합니다. 당시 유대인들에게 눈은 지혜를 상징했습니다. 이것이 주는 메시지는, '참된 지혜'를 가진 모든 존재는 다 하나님을 찬양하고 그분을 왕으로 인정할 수밖에 없다는 것입니다. 계시록은 이 네 생물의 묘사를 통해 지혜를 가진 모든 피조물에게 찬양받으시는 하나님을 상징적으로 표현한 것입니다.

요한은 고난받는 초대 교회 성도들에게 참된 왕과 예배에 대한 모습을 보여 줍니다. 이제껏 지하나 굴이나 무덤에서 초라하게 드렸던 예배를 하늘에 계신 하나님께서 받으셨고 즐거워하셨다는 것을 말해 줍니다. 너희가 드린 예배는 사람들이 말하는 것처럼 바보 같은 것이 아니고 참으로 지혜로운 것이었다고 밝혀 줍니다. 사방에 눈을 달고 있어 모든 것을 다 볼 수 있는 지혜로운 세상의 피조물

대표가 부르는 찬양을, 이제까지 "너희가 하고 있었다"라고 말씀하십니다. 이것은 이제껏 '숨어 예배하던 교회'를 향한 위로입니다.

여러분, 이 네 생물의 찬양이 우리에게 주는 교훈은 무엇일까요? 우리는 삶에서 이 네 생물의 찬양을 어떻게 적용할 수 있을까요? 당시에는 황제의 신상에 절하기만 하면 모든 문제가 해결되었습니다. 로마가 그리스도인들에게 요구했던 것은 그리 대단한 게 아닙니다. 그냥 지나가며 황제의 등신상(等身像)에 목례를 하면 됩니다. 그런데 초대 교회 성도들은 그 사소한 걸 안 하는 겁니다.

당시 세상 사람들이 다 악하고 나쁘진 않았습니다. 모든 사람이 그리스도인들을 말살시켜야 한다고 생각한 것은 아니었습니다. 비신자 중에도 착하고 의롭고 자비로운 사람들이 있었습니다. 그들은 그리스도인을 죽이고 싶지 않았습니다. 그들이 그리스도인에게 요구한 것은 '그저 나라에서 하는 말을 듣는 척이라도 하라' 정도였습니다. 황제에게 순종하는 척, 마음은 원하지 않지만 그냥 고개만 끄덕이면 되는 것이었습니다. 그런데 성도들은 고개도 끄덕이지 않았습니다. 목에 칼이 들어오고, 산 채로 불 가운데 타들어 가면서도 "예수가 나의 주시다"를 외치며 죽어 갔습니다. 세상은 그리스도인들을 '지혜 없는 자'라고 했고, 그리스도인은 '바보'가 되었습니다.

그렇다면, 오늘날 세상은 우리를 뭐라고 부르고 있습니까? 우리가 참 성도라면, 우리도 초대 교회 성도들과 비슷한 평가를 들을 수밖에 없습니다. 그러나 오늘날 목사를 '먹사'라고, 기독교를 '개독교'라고 비하하고 욕하고 있습니다. 겉으로 보기에는 초대 교회가 핍박을 당한 것과 비슷하게 보입니다. 그러나 비판의 이유는 전혀 다릅니다. 오늘날 교회가 욕을 먹는 이유는 교회와 성도가 세상보다 더

했기 때문입니다. 더 가지려고 이기적으로 욕심 부렸기에 욕먹는 것입니다. 오늘날 우리는 그릇된 길로 가는 교회를 비판하는 세상의 목소리에 귀 기울여야 할 뿐 아니라 바른 길을 찾아야 하는 부담과 숙제를 짊어지고 있습니다. 우리는 참된 그리스도인으로 어떻게 살아야 하는지에 대해 초대 교회 당시보다 더 심각하게 고민해야 하는 때를 살고 있습니다. 초대 교회도 욕을 먹었습니다. 그 교회는 세상이 보기에 너무 정직했습니다. 그 교회는 너무 신실했습니다. 그 교회는 너무 '예수님만'을 섬겼습니다. 세상이 보기에 그 교회는 너무 고집불통이었습니다. 그래서 세상이 그 교회를 '바보'라 욕한 것입니다.

우리가 만약 참된 신앙을 가지고 있다면, 우리는 세상으로부터 '너무 세상 물정을 모른다. 세상을 누가 지배하고 있는지 모른다'는 이유로 바보 취급을 받을 것입니다. 만약 우리가 우리의 신앙을 지키기 위한 일에, 우리에게 맡겨진 영혼들을 돌보는 일에, 하나님을 알기 위해 성경을 연구하고 기도하는 일에 많은 시간과 물질을 쓰고 있다면, 우리는 비웃음을 당할 것입니다. 하나님께 순종하여 다른 사람을 섬기는 성도를, 세상은 '바보'라고 평가할 뿐입니다. 세상이 볼 수도 만질 수도 없는 분을 향한 우리의 충성을 세상은 결코 이해할 수 없기 때문입니다.

이 말씀 앞에 있는 사람들 중에는 바보인 분도 있고 아직 바보가 아닌 분도 있을 수 있습니다. '바보님'들과 예비 '바보님'들에게 스물세 살의 젊은 나이에 순교한 짐 엘리엇의 일기에 나온 한 문장을 소개합니다. "영원한 것을 위하여 영원하지 않은 것을 버리는 사람은 결코 바보가 아니다." 세상이 우리를 뭐라고 부르든 가장 좋은 것을 선택한 우리는 결코 바보일 수 없습니다. 우리는 바보가 아닙니다.

이십사 장로들의 찬양과 경배

이제 하늘 보좌에 대한 마지막 이야기입니다. 10-11절입니다.

> 이십사 장로들이 보좌에 앉으신 이 앞에 엎드려 세세토록 살아 계시는 이에게 경배하고 자기의 관을 보좌 앞에 드리며 이르되 우리 주 하나님이여 영광과 존귀와 권능을 받으시는 것이 합당하오니 주께서 만물을 지으신지라 만물이 주의 뜻대로 있었고 또 지으심을 받았나이다 하더라

하나님의 보좌 주변에 스물네 개의 작은 보좌가 있었습니다. 그 보좌에는 스물네 명의 장로가 면류관을 쓰고 앉아 있었습니다. 지혜로운 네 생물의 찬양이 끝난 후에 이 장로들도 하나님을 찬양하기 시작했습니다. 이 장로들은 누굴까요?

어떤 이들은 하나님 옆에 있는 최고위급 천사장들이라고 말합니다. 또 다른 이들은 성경에 나오는 위대한 인물들이 거기 앉아 있다고도 합니다. 가톨릭에서는 성인들이라고도 이야기합니다. 이런 다양한 해석이 있지만 저는 이 이십사 장로들 역시 상징으로 봐야 한다고 생각합니다. 여기 있는 이십사 장로가 상징하는 것이 뭔지를 함께 나누어 보겠습니다.

결론적으로, 여기 나오는 이십사 장로는 '이 땅에 있는 교회'의 상징입니다. 이스라엘은 유독 '12'라는 숫자를 중요하게 생각했습니

다. 이스라엘 민족은 야곱의 열두 아들에서 시작한 열두 지파로 이루어졌습니다. 열두 지파로 구성된 이스라엘은 끊임없이 숫자 '12'를 지키려 합니다. 사사기 21장 3, 6절을 보면, 내전으로 베냐민 지파가 거의 말살되었을 때, 이스라엘 온 민족이 울었던 이유도 이스라엘 중에 한 지파가 끊길 위기에 처했기 때문이 아니라 열둘 중에 하나가 궐이 났기 때문입니다. 다시 말해 '12'라는 숫자를 지키지 못했기 때문에 운 것입니다. 신약에 와서 예수님과 사도들도 '12'라는 숫자를 중요하게 여겼습니다. 예수님은 열두 명의 제자를 세웠습니다. 가룟 유다의 자살로 열한 명이 된 사도들이 가장 먼저 한 일은, 다른 제자들 중에서 한 명을 세워 '12'라는 숫자를 맞추는 것이었습니다.

성경은 왜 '12'라는 숫자에 그렇게 관심이 많은 걸까요? 이 숫자가 교회 공동체를 상징하는 숫자이기 때문입니다. 유대인들은 대부분의 숫자에 의미를 부여했습니다. 1은 '하나님', 3은 '신성', 4는 '세상', 6은 '인간'(사탄), 7은 '완전', 10은 '많다' 등 각 숫자마다 의미가 있습니다. 초대 교회에서 '12'는 교회의 숫자였습니다. 그래서 이십사 장로는 구약의 교회를 상징하는 이스라엘 열두 지파와 신약의 교회를 상징하는 열두 사도를 합한 이 땅의 모든 교회를 상징하는 숫자입니다. 이제 이십사 장로의 행동과 찬양은 바로 이 땅의 교회인 우리가 추구하고 따라야 하는 본이 됩니다. 하늘의 보좌 앞에 있는 교회는 과연 무엇을 하고 있는 걸까요? 그리고 하늘의 교회를 보면서 이 땅에 있는 교회인 우리가 배워야 하는 건 무엇일까요?

이십사 장로에 대한 묘사를 보십시오. 처음에 그들은 면류관을 쓰고 있습니다. 그들은 보좌에 앉아 있습니다. 그들은 하나님의 보좌 가장 가까운 자리에서 네 생물과 천사들이 하는 찬양을 받고 있습니다. 이것이 진짜 교회의 모습입니다. 당시 소아시아 교회들은 다 비참한 상태였습니다. 그들은 종보다 못한 취급을 받았고, 범죄자 취급을 받았습니다. 그렇게 못나 보였던 교회들이 실제로는 하늘에서 승리의 관을 쓰고, 왕이 앉는 보좌에 앉아 있습니다. 육신의 눈으로는 망한 것 같은 삶이었고 눈에 보이는 교회는 다 부서진 줄 알았는데, 실상은 영광스러운 자리에서 영광을 누리고 있습니다. 성도는 잠깐 동안은 세상에서 이런저런 괄시를 받지만, 결코 그렇게 끝나지 않는다는 것을 이 환상은 보여 줍니다.

여러분, 때로 이 땅을 사는 성도의 정체성은 미운 오리 새끼와 같습니다. 다른 오리 새끼들이 미운 오리 새끼를 공격합니다. 그리고 때로는 세상의 오리들에 비해 못하는 게 많다는 생각을 할 때도 있습니다. 그러나 미운 오리 새끼는 오리가 아니라 백조였습니다. 그래서 오리처럼 걷거나 헤엄치는 게 불가능했던 것입니다. 이 세상에 있는 모든 오리가 훈제구이가 되는 그날에 우리는 알게 될 것입니다. 우리에게는 하늘 높이 날아오를 수 있는 날개가 있으며, 새들의 여왕이라는 별명을 가진 백조라는 것을 말입니다. 천사마저도 엎드려 경배하는 그 빛나는 보좌, 그리고 하나님께서 계신 보좌 옆에 있는 작은 보좌들이 바로 우리 자리입니다. 그리고 그 보좌에서 주께서 준비해 주신 승리의 면류관을 쓰고 앉아 있는 것이 교회의 영광스러운 정체성입니다.

이제 그 영광스러운 교회를 상징하는 이십사 장로들이 보좌 앞에서 하는 행동을 살펴봅시다. 개역개정 성경보다 개역한글 성경으로 10절을 보겠습니다.

이십사 장로들이 보좌에 앉으신 이 앞에 엎드려 세세토록 사시는 이에게 경배하고 자기의 면류관을 보좌 앞에 던지며 가로되

왜 교회는 예수님께서 교회에게 씌워 주신 면류관을 하나님 앞에 던졌을까요? 왜 교회는 예수님이 교회에게 주신 영광스러운 보좌에서 내려와 하나님 앞에 엎드렸을까요? 교회가 이렇게 하나님 앞에 엎드리고 자기 면류관을 던지면, 하나님은 또 어떻게 하실까요? 교회는 계속 면류관을 벗고 하나님 앞에 엎드립니다. 하나님은 교회에게 계속 면류관을 씌워 주고 보좌에 앉히십니다. 반복적으로 일어나는 일입니다. 도대체 이 이상한 퍼포먼스는 어떤 의미일까요?

이십사 장로는 교회를 의미한다고 했습니다. 교회는 곧 우리를 의미합니다. 교회가 세상의 핍박과 유혹 속에서도 믿음을 지키며 살다 죽었을 때, 하나님은 자신의 보좌 옆에 있는 보좌에 교회를 앉히시고, 면류관을 씌워 주시며 잘했다 칭찬하십니다. 그때 참된 교회인 성도에게서 나오는 고백이 있습니다. "주님, 제가 한 것이 아닙니다." 진실한 교회가 하는 고백은 다 같습니다. "주님, 제가 한 게 아닙니다. 제가 잘해서 여기까지 온 게 아닙니다. 저는 면류관을 받을 자격도, 보좌에 앉을 자격도 없습니다. 저는 그저 주님의 은혜로 여기까지 왔습니다. 그런데 면류관과 보좌라니요. 가당치 않습니다. 저는 이 자리에 엎드려서 저를 여기까지 인도하여 내신 주님의 은혜를 찬양할 겁니다"라고 말합니다. 그러면 주님은 어떻게 하실까요? 교회에게 받은 면류관을 다시 교회에게 씌우십니다. 엎드려 있는 우리를 다시 일으키십니다. "아니다, 너는 최선을 다했다. 이 면류관을 쓰기에 합당하다. 넌 종이 아니라 내 자녀란다. 일어나라. 나와

함께 보좌에 앉자" 하시며 일으켜 세워 다시 보좌에 앉히십니다. 하나님의 보좌 앞에서 교회와 주님의 면류관 주고받기가 무한 반복됩니다.

우리가 불러야 하는 노래

우리가 속한 세상은 어떤 모습입니까? 그 세상 속을 살고 있는 우리의 모습은 또 어떻습니까? 핍박과 유혹이 커서 도저히 성도로 살기에 힘겨운 세상입니까? 세상 속에서 성도의 정체성을 가지고 살기가 버겁고 힘겨운 건 아니십니까? 그러나 사랑하는 여러분, 조금만 더 힘을 내십시오. 조금만 더 힘을 내기 위하여 이 성경이 말하는 하늘을 보십시오. 이리로 올라가 보십시오.

거기서 보게 되는 '세상의 실상'은 무엇일까요? 이 땅을 통치하는 것은 돈이나 권력이나 학벌이나 외모가 아니라는 것을 봅니다. 여전히 하나님께서 세상을 통치하시는 것을 확인합니다. 우리를 보며 세상은 바보라 할 것입니다. 그러나 눈을 들어보니 우주에서 가장 지혜로운 네 생물이 우리의 삶을 '바보' 같다고 하지 않고 '지혜롭다'고 선언하고 있습니다. 우리는 때로 참 초라해 보입니다. 정말 답답해 보입니다. 세상이 우리를 삼킬 것 같습니다. 이러다 망할 것 같습니다. 그런데 하나님께서 우리가 앉을 영광스러운 보좌를 보여 주십니다. 우리는 하나님의 보좌 옆에 있는 영광스러운 보좌에 앉을 것입니다. 또 초라해 보였던 우리의 삶을 주님은 승리했다고 말씀하시며 '면류관'까지 씌워 주실 것입니다.

그날에 우리는 울 것입니다. 그러나 그 눈물은 슬픔이나 억울함 때문에 흘리는 통곡이 아닙니다. 전혀 한 것 없는 우리 인생을 향해 하나님께서 너무나 많은 것으로 선하게 대해 주시는 것을 깨닫고 부끄러움과 감사 때문에 울 것입니다. 그래서 주께서 우리 머리에 씌워 주시는 면류관에 황송해하며 앉히신 보좌에서 일어나 주님 앞에 무릎을 꿇을 것입니다. 그리고 주님이 주신 면류관을 벗어 주님 발 앞에 내어 드리며 엎드려 절할 것입니다. 그때 주께서 그렇게 면목없어 하는 우리를 끌어안으시며, "아니다. 이건 너를 위해 준비한 나의 선물이란다" 하시며 그 면류관을 다시 씌워 주실 것입니다. 그 보좌에 다시 앉히실 것입니다. 그분의 품안에서 이제껏 세상에서 아팠던 것들은 하나도 기억나지 않을 것입니다. 그 앞에서 우리는 주님을 향해 자신도 모르게 터져 나오는 감격과 영원한 감사의 찬양을 부를 것입니다.

4장

어린양을 따르라

[1]내가 보매 보좌에 앉으신 이의 오른손에 두루마리가 있으니
안팎으로 썼고 일곱 인으로 봉하였더라 [2]또 보매 힘있는 천사
가 큰 음성으로 외치기를 누가 그 두루마리를 펴며 그 인을 떼
기에 합당하냐 하나 [3]하늘 위에나 땅 위에나 땅 아래에 능히 그
두루마리를 펴거나 보거나 할 자가 없더라 [4]그 두루마리를 펴
거나 보거나 하기에 합당한 자가 보이지 아니하기로 내가 크게
울었더니 [5]장로 중의 한 사람이 내게 말하되 울지 말라 유대 지
파의 사자 다윗의 뿌리가 이겼으니 그 두루마리와 그 일곱 인
을 떼시리라 하더라 [6]내가 또 보니 보좌와 네 생물과 장로들 사
이에 어린양이 서 있는데 일찍이 죽임을 당한 것 같더라 그에게
일곱 뿔과 일곱 눈이 있으니 이 눈들은 온 땅에 보내심을 입은
하나님의 일곱 영이더라 [7]그 어린양이 나아와서 보좌에 앉으신
이의 오른손에서 두루마리를 취하시니라 [8]그 두루마리를 취하
시매 네 생물과 이십사 장로들이 어린양 앞에 엎드려 각각 거문

고와 향이 가득한 금 대접을 가졌으니 이 향은 성도의 기도들
이라 9그들이 새 노래를 불러 이르되 두루마리를 가지시고 그
인봉을 떼기에 합당하시도다 일찍이 죽임을 당하사 각 족속과
방언과 백성과 나라 가운데에서 사람들을 피로 사서 하나님께
드리시고 10그들로 우리 하나님 앞에서 나라와 제사장들을 삼
으셨으니 그들이 땅에서 왕 노릇 하리로다 하더라 11내가 또 보
고 들으매 보좌와 생물들과 장로들을 둘러 선 많은 천사의 음
성이 있으니 그 수가 만만이요 천천이라 12큰 음성으로 이르되
죽임을 당하신 어린양은 능력과 부와 지혜와 힘과 존귀와 영광
과 찬송을 받으시기에 합당하도다 하더라 13내가 또 들으니 하
늘 위에와 땅 위에와 땅 아래와 바다 위에와 또 그 가운데 모든
피조물이 이르되 보좌에 앉으신 이와 어린양에게 찬송과 존귀
와 영광과 권능을 세세토록 돌릴지어다 하니 14네 생물이 이르
되 아멘 하고 장로들은 엎드려 경배하더라

요한계시록 5장 1-14절

인간은 이 땅을 살면서 여러 가지 어려움을 겪습니다. 어떤 것은 노력하여 해결할 수 있지만, 어떤 것은 나의 힘과 능력으로는 도무지 해결할 수 없는 것도 있습니다. 최근 전 세계에 일어나는 기상 이변 같은 경우는 더욱 그렇습니다. 세상은 엄청난 기상 이변에 무력합니다. 과학 문명이 발달한 선진국에서조차 속수무책입니다. 그래서 수많은 재난 영화를 만들기도 하나 봅니다. 이전에 한 번도 접해 본 적 없는 거대한 문제들 앞에서 인간은 이제껏 과신했던 부분에서 겸손할 수밖에 없습니다.

사실, 우리는 전 세계에서 일어나는 이러한 크고 작은 문제에 별 관심 없습니다. 우리를 힘들게 하는 것은 타인의 눈에는 매우 사소해 보이는 개인사입니다. 우리는 삶에서 일어나는 일들, 심지어 개인의 사소한 습관조차도 마음대로 할 수 없을 때가 있습니다. 가족조차 우리 마음대로 되지 않을 때가 많습니다. 어릴 적 저는 어른이 되면 당시에 할 수 없는 것들을 대부분 할 수 있을 거라고 생각했습니다. 그런데 막상 나이를 먹어 가면서 제가 할 수 없는 일이 참 많다는 걸 알게 되었습니다. 제게는 수많은 문제가 있습니다. 다른 사람에게는 사소한 것처럼 보이더라도 제게는 도무지 바뀌지 않는 저의 한계처럼 느껴집니다.

봉인된 두루마리

창조주이시며 통치자이신 성부 하나님에 대한 찬양이 4장의 요약이라면, 5장은 우리를 구속하신 예수님이 등장하시는 장면입니다. 예수님은 여기에서 한 권의 책을 '펴시는 분'으로 등장합니다. 5장에 나오는 '두루마리'가 펼쳐지기를 모든 피조물이 원했습니다. 이 두루마리만 펼쳐지면 이 땅에서 고통받는 모든 일이 해결될 것이기 때문입니다. 문제는 이 두루마리를 펼칠 수 있는 이가 없었다는 것입니다.

> 내가 보매 보좌에 앉으신 이의 오른손에 두루마리가 있으니 안팎에 썼고 일곱 인으로 봉하였더라……그 두루마리를 펴거나 보거나 하기에 합당한 자가 보이지 아니하기로 내가 크게 울었더니(1, 4절)

인간들은 항상 문제투성이였습니다. 그래서 인류는 인간이 경험하는 모든 문제의 대안을 제시하고, 또 그러한 문제 해결을 위해 여러 조직과 기술을 만들었습니다. 그러나 그 모든 노력이 점점 더 미궁에 빠져들고 있다는 것이 인류의 현실입니다. 2011년 일본 후쿠시마 원전 사고 후, 원전에서 나오는 방사성 물질과 관련된 탐사 보도를 본 적 있습니다. 오랜 연구 과정에 대한 설명과 방사능 오염을 막기 위한 노력을 소개하는 내용이었습니다. 그 보도를 종합하면, '답이 없다'였습니다. 수많은 노력을 하고 있지만 아직도 방사능 오염을 효과적으로 막지는 못한다는 것입니다. '답이 없다'는 이 결론은 어쩌면 이 시대를 향한 가장 정확한 표현일지 모릅니다.

계시록 5장은 이 답 없는 인간의 상태를 하나의 상징으로 그리고 있습니다. 봉인되어 열리지 않는 두루마리. 성경은 이 모든 문제가 열리지 않은 두루마리 때문이라고 말합니다. '보좌에 앉으신 이'는 '하나님'을 의미합니다. 그분의 "오른손에 두루마리가 있[다]"는 것은 그분이 힘과 능력과 권한을 갖고 있다는 의미이고, "안팎에 썼다"는 것은 그 내용이 풍성하다는 의미입니다. 문제는 하나님의 오른손에 있는, 안팎에 글이 쓰인 이 두루마리가 일곱 인으로 봉해져 '열 수 없다'는 것입니다.

이 두루마리는 어떤 내용을 담고 있을까요? 그에 대해서는 여러 견해가 있습니다. 그중에 에스겔 3장과 다니엘 7, 12장을 토대로 이 두루마리의 내용을 짐작해 본다면, 악인이 받을 심판이 무엇인지 그리고 주를 위해 사는 성도가 어떤 구원과 복을 받을 것인지를 담고 있을 것입니다. 세상의 마지막이 어떠할지, 하나님께서 이 세상을 어떻게 아름다운 모습으로 완성하실지에 대한 그림입니다.

성경은 인생에서 일어나는 모든 문제의 해결책을 세세하게 제시하는 책이 아닙니다. 모든 삶의 문제에 대한 구체적인 답을 성경에서 찾으려는 시도는 성경의 의도를 넘어선 과한 해석이 될 수 있습니다. 그렇다면 성경은 과연 무엇을 다루는 것일까요? 성경은 문제의 근원을 다루는 책입니다. 문제 자체보다 그 문제의 원인과 그 원인을 고치는 하나님의 방식을 다룹니다. 그렇다면 문제의 근원을 해결하는 그 방법은 무엇일까요? 바로 '구원'입니다. 모든 인간에게 가장 시급하게 필요한 것은 '구원'입니다. 이 구원의 문제가 가장 중대하며, 다른 문제는 부수적입니다.

이 본문은 구원의 길이 어디에 있는지를 보여 줍니다. 구원의 길을 상징하는 두루마리는 봉해져 있습니다. 펼치기만 하면 모든 문제의 근원을 해결할 수 있는 두루마리가 일곱 인으로 완전히 봉해져 있습니다. 이 봉인을 열 수 없다면 우리에게 구원도 없습니다. 이 책을 열지 못한다면 결코 웃을 수 없습니다.

이제 이 절망의 상황 속에서 외치는 천사의 목소리를 들어 봅시다. 2절을 보면 '힘 있는 천사'가 큰 음성으로 외칩니다. "누가 그 두루마리를 펴며 그 인을 떼기에 합당하냐?"(2절) 천사가 지금 자신이 펼 수 없는 책에 대해 말하며, 이 책을 펼 자가 있는지 큰 소리로 외칩니다. 천사의 말을 들은 요한은 3절에서 온 땅을 살펴보며 "펴거나 보거나 할 자"를 찾습니다. "하늘 위에나 땅 위에나 땅 아래"(3절), 영적인 세계인 하늘에 있는 모든 곳을 봤습니다. 땅 위의 모든 곳과, 심지어 땅 속, 사탄과 마귀가 사는 곳까지 봤습니다. 그러고 난 다음 요한이 내린 결론이 무엇일까요?

> 그 두루마리를 펴거나 보거나 하기에 합당한 자가 보이지 아니하기로 내가 크게 울었더니(4절)

이 두루마리를 펼 자가 없습니다. 요한은 크게 울기 시작합니다. 인류의 구원에 대한 책이 있고, 그 책을 펼치기만 하면 인간이 겪는 고통과 근심의 근원이 해결될 텐데, 그것을 펴고 볼 수 있는 자가 없기 때문입니다. 요한은 극한 슬픔을 주체할 수 없어 소리 내어 울기 시작합니다. '울었다'로 번역된 이 원어의 시제는 미완료 능동태인데, 동사의 행위가 계속되었음을 의미합니다. 요한이 한 번 울고 그친 것이 아니라 계속 울고 있는 것입니다.

왜 그토록 서럽게 울었을까요? 요한은 영혼을 돌보는 진짜 목회자였기 때문입니다. 예수님께서 승천하신 후, 약 60년 동안 요한은 주께서 맡기신 영혼들을 섬겼습니다. 그는 수십 년간 에베소와 소아시아 지역에 있는 수많은 영혼을 돌봤습니다. 그리고 지금 그는 교회들이 무너지는 소리를 듣고 있습니다. 그리스도인들은 로마의 핍박에 죽어 갑니다. 대부분의 교회는 황제에게 절하지 않는다는 이유로 문을 닫았고 지하로 숨었습니다. 다른 사도들은 모두 순교했고, 마지막 남은 자신마저 밧모 섬에 유배되어 강제 노역 중입니다. 정말이지 모든 것이 끝난 것 같습니다. 예수님과 함께 걸었던 기억도 너무 오래되었습니다. 주께서 다시 오시겠다는 약속을 믿고 긴 시간을 견디며 영혼들을 돌봤습니다. 교회가 힘 있게 일어나던 시기도 있었습니다. 그런데 모든 것이 급변했습니다. 상황은 너무 어렵고 교회는 사라질 것 같습니다. 이 땅 위에 있는 주님의 교회는 남아날 것 같지 않습니다. 모두 끝난 것 같습니다. 에베소 교회는 첫사랑을 잃어버렸고, 라오디게아 교회는 차지도 덥지도 않은 미지근한 성도들만 남았습니다. 버가모나 서머나에서도 순교자들이 나오며, 이단들이 들어와 소아시아에 있는 여러 교회를 속부터 썩게 만들고 있습니다. 모든 것이 너무 절망스럽습니다.

요한은 경건한 성도들이 짐승에게 찢겨 죽는 모습을 봤습니다. 아름다운 예배당이 불타는 것도 봤으며, 경건해 보이던 신자들의 배교를 목도했습니다. 거짓 교사들로 인해 진리가 왜곡되는 것을 경험했습니다. 그러던 중에 이제야 겨우 이 비참한 상황을 뒤엎을 수 있는 엄청난 것을 찾았습니다. 하나님의 오른손에 있는 두루마리입니다. 요한은 이 두루마리만 펼 수 있다면 이 땅에서 성도가 겪는 모든 고통의 문제가 해결될 것을 알았습니다. 이 두루마리만 펼치면 모든 것이 회복될 것입니다. 이 두루마리가 펼쳐지면 성도와 교회가 살아나고, 이제껏 성도를 공격한 모든 적이 없어질 것입니다. 그런데 그 두루마리는 인으로 봉해졌고, 그 인을 떼 두루마리를 펴 줄 이가 없습니다. 요한은 하늘을 봤고 땅을 봤고 심지어 땅속까지 봤습니다. 온 우주를 다 뒤졌습니다. 그런데 이 두루마리를 펼 자를 찾지 못했습니다. 길은 있는데 통하는 문이 없는 것 같습니다.

요한의 절망은 눈물로, 눈물은 통곡으로 바뀌었습니다. 늙은 사도의 눈에서 눈물이 흐르기 시작합니다. 주께서 피로 사신 교회가 지금 눈앞에서 무너지고 있습니다. 하나님의 승리의 메시지를 듣기를 고대하며 하루하루 분투하고 있는 상처투성이의 주의 몸을 봅니다. 성도들의 실망할 모습이 떠오릅니다. 힘겹게 믿음을 지키는 이들에게 희망의 소식을 들려주어야 하는데 지금 자기가 발견한 것은 절망입니다. 그는 교회가 망할 것 같아 울었고, 이 땅에서 성도가 모두 다 사라질 것 같아 울었습니다. 성도를 향한 하나님의 보호를 확신할 수 없어 또 울었습니다. 그는 목 놓아 울었습니다. 온 하늘이 듣도록 소리 내 울었습니다.

로마의 핍박 속 초대 교회 성도들은 절망에 빠져 있었습니다. 오늘날 우리가 처한 상황은 어떻습니까? 더불어 우리 기독교가 처한 상황은 어떻습니까? 오늘날 기독교의 미래는 밝게 빛나고 있습니까? 보좌에 앉으신 이의 오른손에 있는 두루마리를 펴면 됩니다. 그런데 이 두루마리를 펴 줄 자가 보이지 않습니다. 이럴 때 과연 우리는 무엇을 해야 할까요?

그때 우리가 해야 할 것을 요한이 먼저 하고 있습니다. "하나님 앞에서 우는 것"입니다. 요한은 열리지 않는 두루마리 때문에 하나님 앞에서 울었습니다. 요한은 물러서지 않았습니다. 요한은 그 두루마리를 바라보며, 하나님의 보좌 앞에서 온 우주에 울려 퍼지도록 통곡했습니다. 그 통곡은 단순한 슬픔이나 절망의 표현을 넘어 하나님의 보좌를 향해 드린 강력한 탄원 기도였습니다.

성도 여러분, 우리 역시 울어야 하는 것 아닐까요? 우리의 인생과 우리 가정 그리고 이 조국이 현재 처한 상황을 보면서, 이 땅에 소망을 두고 살아가기 어려워 날마다 신음하고 탄식하는 이들과 점점 더 생기를 잃어 가며 마음속에 패배감이 가득한 조국 교회와 성도들을 보면서 우리가 지금 울어야 하는 게 아닐까요?

오늘날 조국 교회는 심각한 위기 가운데 있습니다. 이전에 교회가 가지고 있던 영광스러운 능력을 잃어 가고 있습니다. 교회의 존귀와 위엄은 이제 찾기 어렵습니다. 그 결과 교회는 우습게 되었습니다. 교회가 하는 말에 세상은 관심이 없습니다. 전혀 귀담아 듣지 않습니다. 그리고 그런 세상을 보면서 우리도 할 말이 없습니다. 그간 있었던 수많은 사건으로 인해 세상의 그러한 반응이 어쩌면 당연하다고 느끼기 때문입니다. 교회는 점점 게토화되어 세상에서 들어오는 것도 없고, 세상으로 나가는 것도 없습니다. 초대 교회가 로마의 폭력에 의해 지하로 도피했다면, 오늘날 조국 교회는 그냥 조금씩 말라 죽어 가고 있습니다. 겉으로는 아직 생명이 있는 것 같아 보입니다. 그러나 말씀과 성령의 능력으로 새로운 생명이 태어나는 것이 적고, 탁월한 삶으로 세상을 놀라게 할 힘 있는 제자도 역시 나오지 않습니다. 세상이 교회에 뭔가 기대하기가 어려워졌습니다. 제발 교회가 문제만 일으키지 않기를 염려하는 지경에까지 이르렀습니다. 오늘날 교회는 너무 심각하게 망가졌습니다.

우리는 어떻습니까? 우리는 이런 조국 교회의 상황에서 비켜 간 사람들인가요? 그렇지 않습니다. 우리도 동일하게 이 대몰락의 흐름 가운데 있습니다. 무엇으로 알 수 있습니까? 말씀 앞에 순종으로 반응하는 위대하고도 평범한 사람들을 점점 찾기 어렵습니다. 오직 그리스도께 헌신함으로 그분께 사로잡혀 그분의 길을 따라 가려는 사람을 찾기 어렵습니다. 먹고, 마시고, 시집가고 장가가는 인생을 넘어 영원한 나라를 향해 달려가는 하나님의 사람들을 찾는 게 어렵습니다. 겉으로 보면 괜찮아 보일 수도 있습니다. 그런데 뿌리 뽑힌 나무가 조금씩 말라 죽는 것처럼 그렇게 조금씩 우리도 생명력을 잃어 가고 있습니다.

요한은 '열리지 않는 두루마리' 때문에 하나님 앞에서 울었습니다. 이 통곡은 하나님을 향한 간곡한 기도입니다. 여러분, 우리 역시 울 때입니다. 날마다 들려오는 조국 교회에 대한 비관적인 이야기들이 있습니다. 이 수많은 이야기를 어떻게 해야 할지 모르겠습니다. 우리 같은 보통 사람들이 이 거대한 흐름 가운데 무엇을 할 수 있을까요? 다행히도 우리는 하나님 앞에서 울 수 있습니다. 아니 울어야 합니다. 우리는 조국 교회의 비참한 현실을 놓고 울어야 합니다. 또한 주님을 향한 우리의 사랑이 약해진 것 때문에 울어야 합니다. 그뿐 아니라 잃어버린 다음 세대 때문에 울어야 합니다. 우리가 섬긴 교회 학교 아이들이 자라서 청년이 되면 왜 교회에서 보이지 않는지를 생각하며 울어야 합니다. 도대체 생명의 흔적을 찾기 힘든 한국 교회의 예배를 생각하며 울어야 합니다. 또한 이 문제를 해결할 근원으로 복음을 주셨지만, 그 복음대로 살지 못하는 교회와 성도, 즉 우리 자신을 위해 울어야 합니다. 언제까지입니까? 주님의 응답이 있을 때까지입니다. 기근 때에 하늘의 비를 구하며 눈물을 쏟아야 합니다. 그리고 그때 하나님은 감춰 두신 당신의 방법으로 우리의 통곡에 반응하십니다.

두루마리 펼칠 자의 등장

그때였습니다. 그렇게 울고 있는 요한을 향해 하나님의 보좌 앞에 있던 장로 중 하나가 말했습니다.

> 장로 중의 한 사람이 내게 말하되 울지 말라 유대 지파의 사자 다윗의 뿌리가 이겼으니 그 두루마리와 그 일곱 인을 떼시리라 하더라(5절)

4절 마지막 부분 "……내가 크게 울었더니"의 결과입니다. 요한이 울었기 때문에 하나님의 보좌 옆에 있는 한 장로가 입을 열어 "그 두루마리를 펼 자가 있다"고 답합니다. 절망 가운데 외쳤던 통곡의 기도가 응답받았습니다. 여러분, 기도는 결코 의미 없이 땅에 떨어지지 않습니다. "눈물을 흘리며 씨를 뿌리는 자는 기쁨으로 거두리로다"(시 126:5). 이것이 하나님 나라의 원칙입니다. 시편 기자는 왜 씨를 뿌리면서 울고 있을까요? 결과가 당장 눈에 보이지 않기 때문에 마치 실패하는 것 같으며, 귀한 수고와 시간을 허비하는 것 같기 때문입니다. 주변 사람들이 씨 뿌리는 농부의 수고를 판단합니다. 심지어 농부 자신도 씨를 뿌린다고 열매를 거둘 수 있을지 의심이 들 때가 있습니다.

여러분, 운다고 문제가 해결됩니까? 아무도 없는 골방에서 하는 기도가 과연 내 삶과 교회와 국가의 난항들을 바꿀 수 있을까요? 내가 지금 겪는 인생의 어려움을 새벽에 교회에 나가 기도하면 해결될까요? 우리는 기도를 의심할 수밖에 없습니다. 초신자만 기도가 어려운 것이 아니라 오랜 경륜을 가진 신자도 마찬가지입니다. 왜입니까? 아무것도 하지 않는 것 같아 보이기 때문입니다. 기도한 만큼 낭비했다고 느껴지기 때문입니다. 기도한 만큼의 시간이라면 문제 해결을 위한 현실적이고 생산적이며 구체적인 일을 하거나 일할 힘을 비축하는 휴식 시간으로 사용하는 게 낫다고 생각할 수 있습니다. 그러나 성경은 말합니다. "눈물을 흘리며 씨를 뿌리는 자는 기쁨으로 거두리로다." 구원의 두루마리 봉인을 뗄 수 있는 자가 등장한 것은 바로 요한의 포기하지 않는 통곡의 기도 때문이었습니다.

죽임을 당한 듯한 어린양

두루마리를 펼쳐 이 땅에 구원을 베푸실 구원자의 등장은 요한의 통곡 때문이었습니다. 장로는 지금 이 땅의 고통을 해결할 두루마리를 펼 자가 어떤 분인지 지시합니다. 장로는 그 두루마리를 펼 자를 "유대 지파의 사자 다윗의 뿌리가 이겼으니"(5절)라고 소개합니다. 이 내용은 구약에 있는 메시아에 대한 예언과 연결된 묘사입니다. 위 표현을 종합하면, '강력한 힘과 큰 권세를 가지고 이 세상의 모든 것과 싸워 반드시 승리하는 분'이 서 계신 것입니다.

요한의 서신을 처음 읽은 초대 교회 성도들은 이 부분에서 어땠을까요? 그들은 지금 로마의 강력한 핍박을 피해 예배하는 비밀 장소에 함께 모였습니다. 지하 묘지나 어두운 동굴에 있는 집회 장소에서 모였을 것입니다. 숨죽이며 마지막 사도에게서 온 편지를 읽었을 것입니다. 요한이 통곡하는 장면에서는 함께 울었을 것이고, 그 통곡으로 모습을 드러내신 예수님에 대해 읽었을 때는 함께 기뻐했을 것입니다. 곳곳에서 '아멘'과 '할렐루야'가 터져나왔을 것입니다. 오실 구원자 때문에 감격의 눈물을 흘리는 이들도 있었을 것입니다. '위대한 왕, 강력한 사자, 백마 타고 수많은 천군와 천사를 이끌고 오실 그리스도'의 모습을 기대했을 것입니다. 그분께서 검을 가지고 하나님의 교회와 성도를 핍박하는 로마를 쳐부수실 것을 기대하며 환호했을 것입니다. 인생의 모든 문제를 날려 버리실 강력한 왕이 우리 가운데 오시기를 기대하며 승리의 함성을 외치는 것은 당연합니다.

이십사 장로 가운데 한 장로의 말을 듣고 요한은 고개를 돌려, 그 책을 펼 자를 보았습니다. 그곳에 "일찍이 죽임을 당한 것 같은 한 어린양"(6절)의 모습으로 예수님이 서 계십니다. 이것은 요한에게도, 초대 교회 성도들에게도 그리고 오늘날 계시록을 읽는 우리에게도 충격입니다. '위대한 왕이며 사자이며 다윗의 뿌리로 오시는 승리자'라는 소개와 '일찍이 죽임을 당한 것 같은 어린양'의 외모는 아무런 유사성이 없기 때문입니다. 우리가 기대한 모습과는 너무나 다른 구원자를 봅니다. 예수님은 이때도 '죽임을 당한 것 같은 어린양'의 외모로 요한과 초대 교회 앞에 서셨습니다.

"한 어린양이 서 있는데 일찍이 죽임을 당한 것 같더라"(6절). 장로의 소개를 듣고 돌아본 요한은 머릿속에 그렸던 이미지와 달라 충격을 받았을 것입니다. 분명 거대한 사자나 강한 용사가 등장할 것 같았습니다. 위대한 왕이 나타날 것 같았습니다. 강력한 천사조차도 열지 못한 두루마리를 펴려면 적어도 천사보다는 강한 자가 와야 합니다. 딱 봐도 아무도 이길 자가 없을 법한 모습의 예수님을 기대할 수밖에 없습니다. 그런데 요한의 눈앞에 등장한 예수님은 우리가 기대한 모습과 전혀 다릅니다.

여러분, 온 우주의 문제를 해결할 수 있는 능력을 가지신 분이 죽임 당한 어린양의 모습인 이유가 무엇일까요? 이 그림이 요한과 초대 교회 성도와 오늘을 사는 우리에게 보여 주려는 게 무엇일까요? 그것은 주님의 일하시는 방식은 예나 지금이나 변화가 없다는 것을 보여 줍니다. 무슨 말입니까? 예수님이 우리의 죄 문제를 해결하기 위해 죽임을 당하는 하나님의 어린양이 되셨습니다. 십자가의 길을 가심으로 주님은 인간의 죄 문제를 해결하셨습니다. 수십 년이 지나 그분의 이름으로 모인 주님의 공동체가 생겼습니다. 주님은 그 공동체에 수십 년 전 그들의 죄를 사하실 때의 모습 그대로 보이십니다. 주님은 여전히 십자가로 이 땅의 문제들을 해결하고 계십니다. 주님은 이 땅에 있는 악의 문제나 성도의 고통 문제나 교회의 문제들을 해결하길 원하십니다. 그리고 그 방식에 있어서 주님은 달라지지 않았습니다. 그분은 여전히 '죽임을 당한 하나님의 어린양'의 모습으로 세상을 구원하십니다. 이것은 세상을 변화시키기 원하는 우리가 알아야 할 중요한 사실입니다.

계시록에서 구원자의 외형이 '죽임을 당한 것 같은 어린양'이라는 것은 무엇을 상징하는 것일까요? 주님은 세상이 가지고 있는 폭력적 방식으로 세상을 제압하며 성도를 끌고 가지 않겠다는 선언입니다. 대부분 우리는 하나님의 방식보다 세상의 방식에 익숙해져 있습니다. 우리는 더 큰 힘을 가져서 그 힘으로 다른 이들을 압도하고 통제해서 더 나은 세상을 만들려고 합니다. 학자들은 이 방법을 '구속적 폭력'이라고 합니다. 더 나은 세상을 만들기 위한 폭력은 용납될 수 있다는 논리입니다. 결국 약한 자들은 강한 힘을 가진 이들에게 굴복하여 자신들의 의지를 꺾고 강한 자들이 만들어 놓은 가치에 따라 사는 것입니다. 이러한 폭력이 세상이 주로 사용하는 방식입니다. 대부분의 폭군과 독재자들이 선택했던 방식도 이것입니다. 문제가 있다고 여겨지는 사람과 단체를 유무형의 힘으로 제압합니다. 악을 처단한다는 명목으로 위력을 사용합니다. 여기에서 위력은 단순한 육체적 폭력만을 의미하는 것이 아닙니다. 위력의 자리에 들어갈 수 있는 것들은 다양합니다. 돈이나 지식, 법과 규정이 될 수도 있습니다. 어떤 것이든 더 큰 힘을 가지고 자신이 잘못된 것이라 생각하는 것들을 제압하고 원하는 것을 관철시키는 것입니다.

어린양으로 오신 예수님은 더 큰 힘으로 인간들을 제압하지 않습니다. 좋은 목적이라는 미명 아래 힘을 사용하지 않을 것입니다. 이 모습은 예수님이 이 땅에서 사람의 몸을 입고 사역하셨던 3년의 공생애에서 이미 보이신 방식입니다. 예수님은 하나님으로서 신적 능력과 힘을 사용하지 않으셨습니다. 오히려 그 반대였습니다. 그분은 철저하게 인간으로 사셨고, 인간의 모든 고통을 경험하고 아파하셨으며, 하나님과 사람들에게 버림받아 십자가에 달리셨고 거기서 죽으셨습니다. 우리를 사랑하셨기 때문에, 우리의 죄를 사하시기 위해 그분이 선택한 방식은 우리 대신 자신을 죽이는 '구속적 사랑'이었습니다. 우리를 구원하시기 위해 자신의 전부를 희생하여 사랑한 것입니다. 힘을 사용하기를 포기하고 마치 힘을 가지지 않은 것처럼 그 힘으로 우리를 섬기셨습니다. 그리고 결국 예수님은 자신의 힘을 다 소진하고 십자가에 달려 죽으셨습니다.

여러분, 이런 예수님의 모습이 얼마나 무력하고 무능해 보입니까? 이 방식으로 죄로 인해 철저하게 오염된 인간을 어떻게 변화시킬 수 있겠습니까? 그런데 예수님께서 비참한 모습으로 힘없이 돌아가시던 그 순간을 가장 가까운 곳에서 지켜본 로마 군인이 고백합니다. "이 사람은 진실로 하나님의 아들이었도다"(막 15:39). 이 사람은 예수님을 처형하는 실무를 맡은 로마 군인의 백부장이었습니다. 그가 이전에 예수님에 대해 알고 배웠다는 증거는 없습니다. 그런 백부장이 예수께서 운명하신 것을 보고 "그는 진실로 하나님의 아들이었다"라는 신앙고백을 합니다. 주님은 세상을 사랑으로 섬기며, 자기 생명을 주는 방식으로 그렇게 세상을 무릎 꿇게 만드신 분입니다. 2,000년 전 십자가에 달리실 때만 그러신 것이 아니라, 십자가 사건 이후 수십 년이 지난 초대 교회 성도들을 향해서도 그랬고, 오늘날 우리에게도 그런 모습으로 오십니다.

우리는 어떻게 예수님을 주로 고백하게 되었습니까? 예수님이 압도적인 힘과 능력을 보이시며 우리 인생에 너무나 매력적인 무언가를 약속하셔서 주님을 따르겠다고 한 것입니까? 아니면 예수님이 우리에게 계속 죄를 짓고 산다면 우리를 멸하겠다고 겁박하여 신앙을 갖게 된 겁니까? 제가 만난 예수님은 "나를 사랑하사 나를 위하여 자기 자신을 버리신 하나님의 아들"(갈 2:20)이셨습니다. 그리고 주께서 저를 이토록 사랑하셨기에, 그분께 제 자신을 즐거이 드릴 수 있습니다. 여러분도 저와 비슷하지 않으신가요? 성경은 이 땅을 사는 성도들이 죄 많은 세상을 변화시킬 수 있는 유일한 힘 역시 주께서 몸소 보이신 사랑의 방식, '구속적 사랑'의 길이라고 알려 줍니다.

주님이 걸으신 길이 우리에게 무엇을 보여 줍니까? '내가 걸었던 이 길을 오늘 너희도 걸으라'고 하십니다. '너희도 나처럼 구속적 사랑의 방식으로 세상을 품으라'고 하십니다. 성도의 삶의 방식은 주님을 닮은 것이어야 하는데, 주께서 지금도 이 길을 걸으십니다. 그러므로 성도는 때리면 맞는 방식으로, 잡으면 잡히는 방식으로, 죽이면 죽는 방식으로 세상을 품어야 합니다. 그래서 성도의 길에는 눈물이 있고, 복음과 함께 받는 고난이 있습니다. 이것이 '구속적 사랑'의 길이 갖는 특성입니다. 십자가의 길은 원래 그런 길입니다. 그래서 가는 이가 적은 좁은 길입니다. 세상이 보기에는 한없이 미련해 보이는 길입니다. 세상은 이 길을 따르는 사람을 향해 "바보"라고 합니다.

어린양의 뒤를 따르는 사람들

초대 교회 성도들은 이것을 정확하게 알았습니다. 그래서 그들은 철저하게 섬기는 자의 모습으로 이 세상을 살았습니다. 그들은 혁명을 통해 그들이 믿는 바를 세상에 증명하려 하지 않았습니다. 종은 종의 자리에서, 주인은 주인의 자리에서 세상을 전심으로 섬겼습니다. 핍박받을 때, 그들은 물리적으로 대항하지 않았습니다. 고스란히 핍박을 받았습니다. 때로는 핍박을 피해 도망가거나 숨기도 했습니다. 그러나 결코 그 핍박하는 자를 향해 무기를 들지 않았습니다. 그런 가운데 성도들은 자신들의 믿음을 포기하지 않았습니다. 거대한 제국 로마는 거의 300년 동안 기독교인들을 핍박했습니다. 열 번이나 강력한 기독교 말살 정책이 시행되었습니다. 수많은 성도가 짐승의 밥이 되었고, 검투장의 이슬로 사라졌습니다. 로마의 밤거리를 밝히는 인간 가로등이 되기도 했고, 뱀이 들어 있는 큰 구덩이에 던져지기도 했습니다. 그들은 그렇게 죽어 가며 자신들의 신앙을 고백했고 하나님을 찬양했습니다. 이들의 모습을 보던 사람들 중에 변화가 일어났습니다. 순교자의 피가 뿌려진 자리마다 복음의 씨도 함께 뿌려졌습니다. 결국 교회는 남고, 로마는 사라졌습니다.

여러분, 이 땅의 교회가 시급하게 회복해야 하는 것이 무엇일까요? 전문가들이 이 분야에 대해 수많은 이야기를 합니다. 거의 방법론에 관한 것으로, 바뀌는 시대의 문화를 이해해야 한다고 합니다. 새로운 시대에 환경에 걸맞은 새로운 형식을 만들어야 한다고 합니다. 정치와 경제와 관련된 부분에서 기독교적 가치를 구현해야 한다고 합니다. 그래서 기독교 정당도 만들고 기독 경제인 연합 단체도 필요하다고 합니다. 문제는 이런 대안이 '구속적 사랑'의 방식이기보다는 '구속적 폭력'의 방식에서 나온 것들이라는 점입니다.

교회가 시급히 회복해야 할 것은 교회의 규모나 약화된 힘을 강화하는 일이 아니라, '주님의 방법,' 즉 '구속적 사랑'의 길을 회복하는 것입니다. 주님은 십자가를 지시는 방식으로 인간을 구원하셨고, 보좌 우편에 앉으셔서 지금도 여전히 십자가의 길, 죽임을 당한 것 같은 어린양의 길을 고수하고 계십니다. 그렇다면 우리 역시 그 길을 가야 합니다. 주님의 방법을 통한 부흥, 주님의 길을 걸으면서 주님이 만드신 승리를 경험하는 자리까지 가야 합니다. 우리는 '구속적 사랑'을 회복해야 합니다. 사랑하고 또 사랑하기에 희생하고 나눠 주는, 허비하는 삶을 살아야 합니다. 우리는 세상이 말하는 바보나 호구의 삶으로 초청을 받았습니다. 지상 최대의 바보이신 주께서 가신 사랑의 길에 다시 서라는 명령을 받았습니다. 이것이 생명으로 생명을 낳는, 주님 닮은 바보 공동체인 교회가 가진 존귀와 영광입니다. 이런 사람과 공동체를 세상은 감당할 수 없습니다.

우주에서 가장 장엄한 찬양으로

이제 마지막 장면까지 왔습니다. 하늘에 있는 모든 존재가 이 '어린 양' 앞에 무릎을 꿇습니다. 모든 존재와 만물이 함께 머리를 조아리고 찬양을 시작합니다.

> 그들이 새 노래를 불러 이르되 두루마리를 가지시고 그 인봉을 떼기에 합당하시도다 일찍이 죽임을 당하사 각 족속과 방언과 백성과 나라 가운데에서 사람들을 피로 사서 하나님께 드리시고 그들로 우리 하나님 앞에서 나라와 제사장들을 삼으셨으니 그들이 땅에서 왕 노릇 하리로다 하더라 내가 또 보고 들으매 보좌와 생물들과 장로들을 둘러선 많은 천사의 음성이 있으니 그 수가 만만이요 천천이라 큰 음성으로 이르되 죽임을 당하신 어린양은 능력과 부와 지혜와 힘과 존귀와 영광과 찬송을 받으시기에 합당하도다 하더라 내가 또 들으니 하늘 위에와 땅 위에와 땅 아래와 바다 위에와 또 그 가운데 모든 피조물이 이르되 보좌에 앉으신 이와 어린양에게 찬송과 존귀와 영광과 권능을 세세토록 돌릴지어다 하니 네 생물이 이르되 아멘 하고 장로들은 엎드려 경배하더라(9-14절)

이 찬양은 계시록 4장에서 창조주 하나님께 드려지는 찬양보다 더 크고 화려합니다. 그들은 이 노래를 '새 노래'라고 합니다. 새 노래의 핵심은 "죽임을 당하신 어린양은 능력과 부와 지혜와 힘과 존귀와 영광과 찬송을 받으시기에 합당하도다"(12절)입니다. 예수님께서 모든 피조물에게 찬양을 받으시는 이유가 '구속적 사랑'의 길을 택하여 온전하게 죽으셨기에 주어진 결과라고 분명하게 말합니다.

이 말씀은 "너희가 주님이 걸으신 이 십자가의 길, 사랑의 길을 걷는다면 너희도 이 찬양의 주인공이 될 수 있다"고 도전합니다. 우리가 이 땅에서 가치 있는 일을 하려 할 때도 어느 정도의 희생을 감수합니다. 하물며 하나님 나라를 세우는 일이라면 마땅히 희생을 감수해야 합니다. 그러나 이 길에는 결코 희생만 따르지 않습니다. 이 고난의 길은 영원한 가치 '하나님 나라'에 갈 수 있는 길이기 때문입니다. '십자가의 길'은 실패처럼 보이나 실상은 승리의 길입니다. 십자가의 길, 희생과 나눔의 길, 구속적 사랑의 길은 반드시 영원한 부활 생명으로 이어집니다.

우주에서 가장 장엄한 찬양이 울려 퍼질 때, 우리는 주님 옆에서 찬양을 올리는 이들과 함께 주님을 찬양하며, 동시에 주님과 함께 그 찬양을 받는 자리에 설 것입니다. 이것이 이 땅에서 '구속적 사랑'으로 전투하며 살아가는, 어린양의 뒤를 따르는 성도들을 향한 주님의 비전입니다. 이것이 주님의 재림으로 이 땅의 역사가 끝나기 전까지, 주께서 자신의 백성에게 요구하신 세상을 변화시키는 유일한 방식입니다. 이 십자가의 미련한 도를 좇아 어린양이 어디로 가든지 따르는 이로 살며, 결국에 영원한 나라에서 함께 이 찬양을 부를 수 있는 귀한 성도가 되시기를 바랍니다.

5장

보호하심

9다섯째 인을 떼실 때에 내가 보니 하나님의 말씀과 그들이
가진 증거로 말미암아 죽임을 당한 영혼들이 제단 아래에
있어 10큰 소리로 불러 이르되 거룩하고 참되신 대주재여 땅에
거하는 자들을 심판하여 우리 피를 갚아 주지 아니하시기를 어
느 때까지 하시려 하나이까 하니 11각각 그들에게 흰 두루마기
를 주시며 이르시되 아직 잠시 동안 쉬되 그들의 동무 종들과
형제들도 자기처럼 죽임을 당하여 그 수가 차기까지 하라 하시
더라 12내가 보니 여섯째 인을 떼실 때에 큰 지진이 나며 해가
검은 털로 짠 상복같이 검어지고 달은 온통 피같이 되며 13하늘
의 별들이 무화과나무가 대풍에 흔들려 설익은 열매가 떨어지
는 것같이 땅에 떨어지며 14하늘은 두루마리가 말리는 것같이
떠나가고 각 산과 섬이 제자리에서 옮겨지매 15땅의 임금들과
왕족들과 장군들과 부자들과 강한 자들과 모든 종과 자유인이
굴과 산들의 바위 틈에 숨어 16산들과 바위에게 말하되 우리

위에 떨어져 보좌에 앉으신 이의 얼굴에서와 그 어린양의 진
노에서 우리를 가리라 [17]그들의 진노의 큰 날이 이르렀으니 누
가 능히 서리요 하더라

[1]이 일 후에 내가 네 천사가 땅 네 모퉁이에 선 것을 보니 땅의
사방의 바람을 붙잡아 바람으로 하여금 땅에나 바다에나 각종
나무에 불지 못하게 하더라 [2]또 보매 다른 천사가 살아 계신 하
나님의 인을 가지고 해 돋는 데로부터 올라와서 땅과 바다를
해롭게 할 권세를 받은 네 천사를 향하여 큰 소리로 외쳐 [3]이
르되 우리가 우리 하나님의 종들의 이마에 인 치기까지 땅이나
바다나 나무들을 해하지 말라 하더라 [4]내가 인 침을 받은 자의
수를 들으니 이스라엘 자손의 각 지파 중에서 인 침을 받은 자
들이 십사만 사천이니 [5]유다 지파 중에 인 침을 받은 자가 일만
이천이요 르우벤 지파 중에 일만 이천이요 갓 지파 중에 일만
이천이요 [6]아셀 지파 중에 일만 이천이요 납달리 지파 중에 일
만 이천이요 므낫세 지파 중에 일만 이천이요 [7]시므온 지파 중
에 일만 이천이요 레위 지파 중에 일만 이천이요 잇사갈 지파
중에 일만 이천이요 [8]스불론 지파 중에 일만 이천이요 요셉 지
파 중에 일만 이천이요 베냐민 지파 중에 인 침을 받은 자가 일
만 이천이라 [9]이 일 후에 내가 보니 각 나라와 족속과 백성과
방언에서 아무도 능히 셀 수 없는 큰 무리가 나와 흰 옷을 입
고 손에 종려 가지를 들고 보좌 앞과 어린양 앞에 서서 [10]큰 소
리로 외쳐 이르되 구원하심이 보좌에 앉으신 우리 하나님과 어
린양에게 있도다 하니 [11]모든 천사가 보좌와 장로들과 네 생물

의 주위에 서 있다가 보좌 앞에 엎드려 얼굴을 대고 하나님께
경배하여 12이르되 아멘 찬송과 영광과 지혜와 감사와 존귀와
권능과 힘이 우리 하나님께 세세토록 있을지어다 아멘 하더
라 13장로 중 하나가 응답하여 나에게 이르되 이 흰 옷 입은 자
들이 누구며 또 어디서 왔느냐 14내가 말하기를 내 주여 당신이
아시나이다 하니 그가 나에게 이르되 이는 큰 환난에서 나오는
자들인데 어린양의 피에 그 옷을 씻어 희게 하였느니라 15그러
므로 그들이 하나님의 보좌 앞에 있고 또 그의 성전에서 밤낮
하나님을 섬기매 보좌에 앉으신 이가 그들 위에 장막을 치시리
니 16그들이 다시는 주리지도 아니하며 목마르지도 아니하고 해
나 아무 뜨거운 기운에 상하지도 아니하리니 17이는 보좌 가운
데에 계신 어린양이 그들의 목자가 되사 생명수 샘으로 인도
하시고 하나님께서 그들의 눈에서 모든 눈물을 씻어 주실 것
임이라

요한계시록 6장 9절-7장 1-17절

제가 요한계시록을 강의하고 설교하게 된 이유는 계시록의 현재성을 나누기 위해서입니다. 계시록을 미래적으로 해석하는 이들에게 이 책은 현재를 사는 이들을 위해 쓰였다는 것을 밝히고 싶었습니다. 먼 훗날의 예언이 아니라 이 서신을 받은 당시의 사람들을 위해, 그들이 당하는 현실적 어려움을 도와주기 위해 쓰인 글이라 말하고 싶었습니다. 그렇게 계시록을 읽을 때, 거대한 로마의 핍박에서 신앙을 지키기 위해 분투하던 초대 교회들에게 이 글이 어떤 메시지로 들렸는지 알 수 있습니다. 그리고 그 당시 성도들에게 이 책이 위로와 힘이 되었다면, 오늘을 사는 우리에게도 힘과 위로가 될 것입니다.

고난의 길을 걸을 수 있는가

계시록은 비밀스럽게 전해진 것이 아니라 공개된 편지로 전해졌습니다. 그래서 우리도 조금만 도움을 받는다면 계시록을 이해할 수 있습니다. 우리가 계시록을 어렵게 느끼는 것은 내용을 이해하지 못해서가 아니라 이 메시지에 순종하고 싶지 않기 때문입니다. '죽임을 당한 것 같은 어린양'의 길을 따라야 한다고 말씀하시는 주님 앞에서, 성도는 "네, 알겠습니다. 제가 주님을 따르겠습니다"라고 고백할 수 있어야 합니다. 솔직히 우리는 '예수님처럼 살기는 싫고, 초대 교회 성도들처럼 세상의 핍박과 환난과 유혹 속에서 사는 것은 받아들이기 어렵다'고 느끼는 건 아닌지요? 바울은 자신의 마지막 편지 디모데후서에서 사랑하는 영적 자녀 디모데에게 "그러므로 너는 내가 우리 주를 증언함과 또는 주를 위하여 갇힌 자 된 나를 부끄러워하지 말고 오직 하나님의 능력을 따라 복음과 함께 고난을 받으라"(딤후 1:8)고 말했습니다. 그리스도 예수의 사람으로 이 땅에서 살려면 반드시 고난이 있습니다. 복음과 함께 받는 고난을 쉽게 생각하면 안 됩니다. 이 고난은 실제이고 많은 사람이 이 고난 앞에서 믿음을 포기했기 때문입니다. 확연하게 드러나는 배교만을 말하는 것이 아닙니다. 은근슬쩍 세상과 타협하는 배교도 있습니다. 그래서 우리는 성경이 '고난을 받으라'고 하는 말의 의미를 진지하게 생각하고 준비해야 합니다. 그렇지 않으면 막상 고난이 닥쳤을 때 견딜 수 없습니다.

초대 교회 성도들은 지금 고난 가운데 있습니다. 그들이 잘못했기 때문에 겪는 고난이 아니었습니다. 그들의 고난은 그리스도인이기에, 예수님을 주로 고백한다는 이유로 겪는 것이었습니다. 로마 황제의 박해 때문에 신앙을 유지하는 것조차 어려운 시대였습니다. 그런데 주님은 어린양이 걸었던 고난의 길을 따르라고 말씀하십니다. 초대 교회 성도라고 해서 우리와 다른 사람인 것은 아닙니다. 그들도 고난 받기 싫고 고통 받는 것이 두려운 사람들이었습니다. 그들도 가능하면 고난을 피하고 싶었을 것입니다. 그런데 초대 교회 성도들은 강력한 핍박의 시기를 믿음으로 통과했습니다. 무엇이 그들로 하여금 열 번이나 반복된 대박해의 시기를 견디게 했을까요? 하나님은 계시록을 통해 고난의 때를 견딜 수 있는 있는 힘이 무엇인지 말해 주고 있습니다. 본문 7장은 바로 이 부분에 대한 답을 주고 있습니다. 바로 우리의 정체성입니다. 우리가 누구인지 아는 것, 그것이 이 고난을 견뎌 낼 수 있는 비결입니다.

재앙들의 일상성

계시록을 해석할 때 가장 어려운 부분은 6-16장에 나오는 재앙들입니다. 계시록 6장에는 재앙들 중 첫 번째 재앙의 묶음인 '일곱 인 재앙'이 등장합니다. 어린양이 일곱 인 중에 하나를 떼면, 그때마다 말 탄 자가 와서 이 땅에 재앙을 만듭니다. "흰 말이 있는데 그 탄 자가 활을 가졌고 면류관을 받고 나아가서 이기고 또 이기려"(계 6:2) 한다는 표현을 통해 전쟁을 암시하고, 붉은 말 역시 땅에서 화평을 제하여 서로 죽이게 하고 또 큰 칼을 받았다는 것은 내전을 암시합니다(4절). 검은 말을 탄 자는 저울을 들고 있는데 이것은 기근이 심하게 들 것을 상징하며(5절), 청황색 말을 탄 자는 그 이름이 '사망'인데 이는 거대한 전염병이 돈다는 상징입니다(8절). 네 마리 말과 관련된 환상이 지나간 후에 다섯째 인을 떼면, 하나님께 자신들의 원통함을 이야기하는 순교자들의 이야기가 나오고(9-11절), 여섯째 인을 떼면 자연계 전체가 흔들립니다. 지진과 흑암과 핏빛 달과 별들의 추락과 함께 하늘과 산과 섬의 3분의 1이 사라지는 환상이 나옵니다(12-17절). 거대한 재앙들이 순차적으로 나옵니다.

우리는 일곱 인과 그 인을 뗄 때마다 생기는 이 재앙들을 보면서 두려움을 갖습니다. 왜냐하면 계시록의 이러한 재앙들을 지구 종말 때에 일어날 사건과 연결하는 설교나 강의나 인쇄물을 접했기 때문입니다. 저 역시 그런 설교와 책을 읽어 본 적이 있습니다. 이런 식으로 성경의 재앙들을 해석하는 사람의 특징은 바로 지금이 세상 종말의 때라며 회개를 강조합니다. 주께서 오실 날이 얼마 남지 않았기 때문에 회개하고 영원한 나라에 들어갈 것을 준비해야 한다고 말합니다. 이렇게 가르치는 이들은 대부분 휴거를 언급하거나 임박한 주님의 재림을 말합니다.

이들은 주님이 곧 오시기에 세상에 대한 열심은 필요가 없으니 이제 다 내려놓고 주님과 교회, 특히 이런 설교를 하는 자신의 단체에서 하는 일에 열심을 내라고 말합니다. 일상은 내려놓고 종교적인 일에 모든 것을 걸어야 한다는 논리로, 그렇지 않은 이들을 정죄합니다. 이 장에서 제가 나누려는 것은 계시록의 이런 재앙들을 예수님의 재림과 관련된 징조로 읽는 것은 잘못된 방식이라는 점입니다.

1992년에 다미선교회라는 집단에서 10월 28일에 예수님이 재림하신다며 휴거를 준비했던 사건이 있었습니다. 당시 수많은 사람이 다미선교회에서 가르치는 휴거를 믿었습니다. 신도들은 예수님의 재림이 일어날 것을 믿었을 뿐 아니라 흰 옷을 입고 산이나 그들의 집회소에 모여 오실 주님을 기다렸습니다. 그들이 얼마나 극성스럽던지 경찰들이 집회소에 배치되었습니다. 혹여나 예수님의 공중 재림이 없으면 신도들이 낙심해서 극단적 행동을 하지 않을까 우려했기 때문입니다. 당시 다미선교회에서 전한 메시지 가운데는 계시록과 관련된 내용이 많았습니다. 당시 일어나는 일들을 언급하며 계시록에 기록된 재앙들이 일어나고 있다고 가르쳤습니다. 이런 세상 종말의 징조를 보니 주님의 재림이 임박했다는 것이죠. 당시 저는 다미선교회의 이러한 주장이 틀리지 않아 보였습니다. 이 세상에 일어나는 여러 재난을 보니 정말 계시록에 기록된 것들과 같아 보였습니다. 그래서 저 역시 그날 친구들과 함께 산에 올라갔던 기억이 납니다. 밤이 지나도록 아무런 일도 일어나지 않았습니다. 주의 재림을 기다리던 다미선교회 신도들도 아무것도 보지 못했습니다. 후에 교주가 신도들에게서 착복한 돈을 가지고 도주하다가 잡혔다는 소식을 들을 수 있었습니다.

또한 1999년, 세기말이라 했던 그 해를 기억합니다. 얼마나 많은 말이 떠돌았는지 모릅니다. 그때 나온 말들은 예수님이 새 천 년을 죄 많은 세상에 허락하지 않으실 것이라는 주장이었습니다. 유명한 예언자 노스트라다무스도 그렇게 예언했다고 합니다. '세기말'이라는 말이 유행하면서 수많은 자연재해와 전쟁과 기근에 대한 사진들을 증거로 제시하며 주님이 곧 오신다는 시한부 종말론을 주장하는 단체와 사람들이 많이 등장했습니다. 그때 유명한 유언비어 중에 'Y2K'라는 것이 있었습니다. 새롭게 바뀌는 천 년의 해를 전산 시스템이 인식할 수 없어서 오류를 일으킬 것이라는 주장이었습니다. 은행에 잔고가 사라지고, 병역을 필한 사람에게 다시 입영 통지서가 날아오며 강대국의 핵 미사일이 곳곳에서 발사될 것이라는 섬뜩한 내용이었습니다. 참혹한 전쟁과 인종 학살, 국제적 규모의 기근과 새로운 전염병, 그리고 자연재해가 이 땅 곳곳에서 일어나고 있으니 지금이 종말의 때이고, 주께서 재림하실 때라고 했습니다. 지금 이 시간에도 시한부 종말론자들은 계속 이 땅에서 일어나는 모든 재앙을 계시록의 재앙과 연결시키며 주님의 재림을 주장합니다.

그러나 이들의 주장은 틀렸습니다. 계시록 6장부터 시작되는 재앙들은 절대로 이렇게 이해하면 안 됩니다. 조금만 생각해 봐도 시한부 종말론의 주장이 가진 허점을 발견할 수 있습니다. 수많은 재앙이 과연 지금 우리 시대만의 이야기인지 질문해 보면 됩니다. 자연재해와 인종 청소와 거대한 전쟁이 요즘 시대에만 있는 것은 아닙니다. 아담이 타락하여 죄가 세상에 들어와 땅이 가시덤불과 엉겅퀴를 낸 이후, 이 세상에는 늘 이런 재앙의 소식이 있었습니다. 계시록에서 수많은 재앙에 대해 말하는 이유는 '종말의 때'에 일어날 특정 사건을 예언하는 것이 아니라 죄 때문에 에덴에서 쫓겨난 인간들, 그 인간들이 살아야 하는 이 땅의 현실이 재앙들 속에 살아가는 것과 같아서입니다. 예수 그리스도께서 다시 오시기 전까지 이 땅에서 그러한 재앙의 소식들이 끊이지 않을 것을 예견하는 표현입니다.

역사를 살펴보면 전쟁이 없었던 시기가 없습니다. 기근과 전염병은 또 얼마나 많았습니까? 거대한 자연재해 역시 끊임없었습니다. 계시록이 재앙들을 말하는 이유는 미래에 대한 이야기가 아니라 현재 우리가 살고 있는 세상이 어떤 곳인지 하나님의 관점에서 보여주는 것입니다. 이 세상 자체가 이런 재앙이 끊이지 않을 뿐 아니라 어렵고 힘든 곳이라고 말합니다. 세상을 그렇게 이해하면 하나님의 백성인 성도가 이 땅을 살면서 겪는 여러 고난은 특별히 운이 없어 당하는 일이 아닙니다. 성도가 고난을 겪는 것, 이 땅의 사람들이 느끼는 절망과 낙심은 당연한 것입니다. 죄로 인해 파괴된 이 세상에 참된 안식은 없습니다.

우리는 이 땅의 재앙들을 보면서 이 땅이 천국이 아니라는 것을 생각해야 합니다. 지진이 일어나거나 원인 모를 병에 걸렸을 때 '내가 안전하다고 여긴 이 땅은 아무것도 아니다'라는 사실을 깨달아야 합니다. 그럼, 우리는 어떻게 살아야 할까요? 이 땅에서 열심히 사는 것을 포기하고 교회에 들어가서 기도만 하는 삶을 살아야 하는 걸까요? 아닙니다. 반대입니다. 우리는 언제 무너질지 모르는 세상에 집착하지 않고 유한한 세상에서 뭔가 쌓으려고 매달리지 않을 수 있습니다. 유한한 세상 속에서 무한한 하나님 나라를 소망하면 됩니다. 그리고 그 나라를 꿈꾸면서 한 번밖에 없는 이 세상, 흔들리는 이 땅 위에서 하나님의 백성답게 사는 것입니다. 우리는 종말을 분명히 인식하고 더욱 열심히 '오늘'을 살아야 합니다. 단 한 번 주어진 삶 속에서 최선을 다해 사는 사명에 충실해야 합니다. 혹자들이 말하는 대로, 이 땅에서 일상을 버리고 신비하고 종교적인 곳에 숨어 살아야 한다고 말하는 것은 계시록에 있는 재앙들을 통해 하나님께서 말씀하시는 바가 절대로 아닙니다.

재앙을 끝내고 주께서 재림하지 않으시는 이유

그런데 질문이 생깁니다. 죄 때문에 이 땅에서 사는 것이 힘들다면 왜 하나님께서 신자인 우리를 이 땅에 살게 하실까요? 차라리 심판의 때를 앞당겨 신자들이 영원한 주의 나라에서 살게 하시면 될 텐데 말이죠. 초대 교회는 이와 같은 고민을 60년 정도 했습니다. 오늘날 교회는 그 고민을 거의 2,000년 동안 했습니다. 예수님께서 곧 다시 오신다고 했는데, 왜 이렇게 늦게 오셔서 성도를 이 땅에서 힘들게 살도록 하실까요? 이에 대한 답변이 9-11절에 있습니다.

> 다섯째 인을 떼실 때에 내가 보니 하나님의 말씀과 그들이 가진 증거로 말미암아 죽임을 당한 영혼들이 제단 아래에 있어 큰 소리로 불러 이르되 거룩하고 참되신 대주재여 땅에 거하는 자들을 심판하여 우리 피를 갚아 주지 아니하시기를 어느 때까지 하시려 하나이까 하니 각각 그들에게 흰 두루마기를 주시며 이르시되 아직 잠시 동안 쉬되 그들의 동무 종들과 형제들도 자기처럼 죽임을 당하여 그 수가 차기까지 하라 하시더라

"예수님, 언제쯤 순교의 피를 갚아 주시렵니까? 우리가 언제까지 기다려야 합니까?"라고 순교자들이 제단 아래서 질문합니다. 하나님의 대답입니다. "그들의 동무 종들과 형제들도 자기처럼 죽임을 당하여 그 수가 차기까지 하라"(11절). 순교자들의 수가 다 차기까지 예수님의 재림을 기다려야 한다는 것입니다.

하나님께서 지금 어떤 말씀을 하시는 건가요? 이 땅에서 하나님의 백성으로 정하신 이들이 아직 다 건짐을 받지 못했다는 뜻입니다. 하나님께서 창세전에 택하신 하나님 백성의 숫자가 있습니다. 그런데 아직 그 숫자가 채워지지 않았습니다. 몇 명인지는 모릅니다. 그러나 하나님은 분명 처음부터 계획하셨고, 그 숫자가 있습니다. 그 숫자가 채워지기까지 주님의 재림을 늦추신답니다. 왜입니까? 하나님께서 계획하신 것을 직접 파기할 수 없으시기 때문입니다.

여기서 우리는 하나님이 순교자들의 기도에 바로 응답하신다는 것을 알 수 있습니다. 아무도 기억해 주지 않을 것 같은 순교자들을 주께서 귀하게 여기십니다. 그리고 순교자들의 정해진 숫자가 채워지는 것이 재림의 때라고 말씀하십니다. 온 우주의 종말이 순교자

의 숫자가 채워지는 것과 연결되어 있습니다. 초대 교회는 초라하기 짝이 없는 공동체입니다. 그들은 숨어서 묘지에서 예배하는 자들이었습니다. 그러다 로마에 잡혀 순교한 사람들입니다. 세상은 수많은 순교자의 이름을 지워 버렸습니다. 어디에도 그들의 이름이 새겨진 기념탑이 없습니다. 그들은 세상에서 잊혀졌습니다. 그런데 지금 천지의 주재이신 하나님은 순교자들과 우주의 종말에 대한 논의를 하고 계십니다.

사랑하는 여러분, 우리는 때로 참 초라해 보입니다. 우리가 기도한다고, 하나님의 말씀을 듣는다고, 무언가를 하나님 앞에서 결단한다고 과연 이 세상이 눈 하나라도 깜박일까요? 아마도 세상은 우리에게 관심이 없을 겁니다. 세상만 그런 게 아니라 우리 스스로 생각하기에도 가나안 거인들을 보고 돌아온 이스라엘 정탐꾼들이 했던 자조(自嘲)처럼 메뚜기 같을 때가 있습니다. 이 거대한 세상 앞에서 과연 우리가 무엇을 할 수 있을지 스스로 생각해야 합니다. 그런데 본문은 우리에게 성도는 결코 그렇게 초라한 존재가 아니라고 선언합니다. 성도는 온 땅의 창조자이자 보좌에 앉아 세상을 통치하시는 하나님과 연결된 존재들이기 때문입니다. 우리가 여쭈면 하나님은 대답하시는 그런 관계입니다.

엄중한 최후 심판

이제 여섯째 인이 떼어집니다. 그리고 인이 떼어졌을 때 일어난 일은 앞에 일어난 것들과 비교할 수 없는 큰일이었습니다.

내가 보니 여섯째 인을 떼실 때에 큰 지진이 나며 해가 검은 털로 짠 상복같이 검어지고 달은 온통 피같이 되며 하늘의 별들이 무화과나무가 대풍에 흔들려 설익은 열매가 떨어지는 것같이 땅에 떨어지며 하늘은 두루마리가 말리는 것같이 떠나가고 각 산과 섬이 제자리에서 옮겨지매 땅의 임금들과 왕족들과 장군들과 부자들과 강한 자들과 모든 종과 자유인이 굴과 산들의 바위틈에 숨어 산들과 바위에게 말하되 우리 위에 떨어져 보좌에 앉으신 이의 얼굴에서와 그 어린양의 진노에서 우리를 가리라 그들의 진노의 큰 날이 이르렀으니 누가 능히 서리요 하더라(12-17절)

지진과 흑암, 하늘의 별들이 땅에 떨어집니다. 하늘이 날아가 버린 것 같고, 산과 섬마저 움직입니다. 이것이 하나님의 최후 심판입니다. 누가 봐도 확연하게 '이제는 끝이구나'라는 생각을 할 만큼 전지구적, 우주적 심판이 임합니다. 이것이 여섯째 인을 떼실 때 일어나는 재앙입니다. 첫째에서 다섯째 재앙들은 말세를 살아가는 우리가 경험할 수 있는 재앙입니다. 이런 재앙과 비교할 수 없는 재앙이 바로 여섯째 재앙입니다. 계시록은 이를 신적 재앙, 주님 재림의 전조이며 누구도 비껴갈 수 없는 특별한 재앙이라고 합니다.

인간의 역사에는 늘 재앙이 있었습니다. 일상적이고 평범한 죄들이 끊임없이 사람들을 아프게 했고, 성도들도 고통 가운데 살아갑니다. 그러던 어느 날 하나님의 정하신 때가 되었습니다. 하나님은 이제 더 이상 이 세상을 유지하려 하지 않으십니다. 계시록은 그것을 이 땅을 치는 하나님의 손, 여섯째 재앙으로 표현하고 있습니다. 여섯째 재앙은 인간이 감당할 수 있는 수준이 아닙니다. 어느 누구라도 이 재앙 앞에 설 수 없습니다. 그때에 세상에서 가장 강한 사람들과 능력 있는 사람들의 입에서 절망의 탄식이 터져 나올 것입니다. 그들은 이 재앙을 피할 수 있다고 생각하여 굴과 산들의 바위틈에 숨었습니다. 그런데 자신이 믿던 것이 지켜 주지 못한다는 것을 직감합니다. 그때 그들이 외칩니다.

> 산들과 바위에게 말하되 우리 위에 떨어져 보좌에 앉으신 이의 얼굴에서와 그 어린양의 진노에서 우리를 가리라 그들의 진노의 큰 날이 이르렀으니 누가 능히 서리요 하더라(16-17절)

이들은 세상의 임금과 왕족과 장군과 부자와 강한 자들이었습니다. 그들은 재앙을 피하기 위해 굴과 산들의 바위틈에 숨었습니다. 그런데 그들의 입에서 절망이 터져 나옵니다. 그냥 "산과 바위가 무너져 죽어 버렸으면 좋겠다"라고 체념하며 울부짖습니다.

이들은 지금 '살려 달라'고 말하지 않습니다. "하나님의 얼굴과 어린양의 진노를 만나느니, 차라리 산이 무너지고 바위가 부서져서 깔려 죽는 게 낫겠다"고 말합니다. 그들은 하나님의 심판 앞에서 완전히 절망했습니다. 그러면서 마지막으로 탄식합니다.

> 진노의 큰 날이 이르렀으니 누가 능히 서리요(17절)

"누구도 이 진노의 큰 날을 통과하지 못할 것이다"라는 절망의 말을 의문형으로 강조한 것입니다. 하나님의 심판이 시작되었을 때, 세상은 전혀 소망을 찾을 수 없습니다. 하나님이 직접 하시는 심판은 강력합니다. 세상에서 능력 있는 강한 자들, 어떤 공격에도 자신을 지킬 수 있다던 사람들이 거대한 하나님의 재앙을 피하겠다고 자신들이 만든 지하에 몸을 숨겼습니다. 핵폭탄이 떨어져도 안전하다는 그런 곳에 숨은 것입니다. 그런데 그곳에 숨어서 그들은 무엇을 느꼈습니까? 안전해 보이는 지하가 그들을 보호할 수 없다는 것을 알았습니다. 그들은 그 안에서 부르짖고 있습니다. "차라리 우리를 그냥 단번에 죽여 주십시오"라고 말입니다. 하나님의 임박한 진노 앞에 자신을 지켜 줄 자가 없다는 것을 깨달은 세상의 권력자들의 외침입니다. 거대한 하나님의 심판 앞에 누구도 설 수 없음을 깨닫고 난 후에 나오는 절망의 탄식입니다.

내가 너를 보호한다

7장은 6장 마지막에 있는 지하에 숨은 사람들, 즉 세상에 속한 자들의 탄식이 섞인 질문에 대한 대답입니다. 세상은 하나님의 심판 앞에 설 자가 없을 거라고 외쳤습니다. 그런데 하나님께서 7장을 통해 말씀하십니다. "너희가 지금 나의 진노로 인한 심판을 받으면서, 이 세상 전체가 나의 재앙으로 망할 것이라고 생각하는구나. 그런데 아니란다. 너희는 반드시 망하겠지만, 내가 세상을 심판하는 중에도 보호하는 자들이 있다. 내가 택한 백성들, 나의 교회는 이 모든 재앙에서 안전하단다." 이것이 교회의 특별한 정체성입니다.

> 이 일 후에 내가 네 천사가 땅 네 모퉁이에 선 것을 보니 땅의 사방의 바람을 붙잡아 바람으로 하여금 땅에나 바다에나 각종 나무에 불지 못하게 하더라 또 보매 다른 천사가 살아 계신 하나님의 인을 가지고 해 돋는 데로부터 올라와서 땅과 바다를 해롭게 할 권세를 받은 네 천

사를 향하여 큰 소리로 외쳐 이르되 우리가 우리 하나님의 종들의 이마에 인 치기까지 땅이나 바다나 나무들을 해하지 말라 하더라 내가 인 침을 받은 자의 수를 들으니 이스라엘 자손의 각 지파 중에서 인 침을 받은 자들이 십사만 사천이니(7:1-4)

1-4절을 보면, 땅의 사방에 가서 바람을 붙잡는 네 천사가 등장합니다. 이 천사들은 멸망하게 하는 자, 즉 하나님의 심판을 담당하는 자인 것 같습니다. 이 천사들이 심판하려고 할 때 갑작스럽게 다른 천사가 등장합니다. 그 천사가 "우리가 하나님의 종들의 이마에 인 치기까지 아무것도 해하지 말라"(3절)라고 말합니다.

무슨 뜻일까요? '인 치다'의 의미를 생각해 보면 됩니다. 세상은 그들에게 찾아오는 하나님의 진노의 심판 앞에서 피할 길을 찾을 수 없었습니다. 세상은 절망 속에서 '우리가 다 망했다'고 외쳤습니다. 그런데 하나님께서 지금은 아니라고 하십니다. 하나님의 심판은 '제한적'이라고 합니다. 7장 초반에서 우리는 분명 하나님께서 사방에 천사들을 보내서 이 땅을 심판하시려는 것을 볼 수 있습니다. 네 천사를 동서남북으로 보내신 것은 이 심판을 피할 곳이 없다는 것을 보여 줍니다. 사방에서 땅과 바다를 쳐서 멸망시킬 천사들이 돌격 준비를 하고 있습니다. 그런데 그 천사들이 돌격하려 할 때, 다른 천사가 나타나 그들을 막은 것입니다. 그 천사는 하나님의 인(도장)을 들고 있는 천사였습니다. 그 천사는 사방에서 돌격하려는 천사들을 향해 잠깐 멈출 것을 명합니다. 자신이 하나님의 종들의 이마에 도장을 찍기까지는 그 재앙이 쏟아지면 안 되기 때문입니다. 하나님의 도장을 받은 이 땅의 사람들은 천사들의 심판을 받지 않습니다. 이마에 하나님의 도장을 받은 주의 백성들은 재앙에서 안전합니다. '멸망하게 하는 자'가 그 이마의 인을 보고 지나가기 때문입니다.

인을 찍는다는 것은 소유를 주장하기 위한 것입니다. '너는 내 것이다'라는 표시가 이마의 인입니다. 그리고 이 인이 찍혀 있는 자는 하나님의 것이기에 천사가 그들을 공격하지 못합니다. '산들이 무너지고 바위가 무너져도 내 종, 내 인을 가지는 이들은 반드시 보호하겠다'는 하나님의 의지의 표현입니다. 그런데 이 일은 이미 일어났던 일입니다. 하나님께서 이스라엘 백성을 애굽에서 데리고 나오실 때, 마지막 재앙은 모든 장자를 죽이는 것이었습니다. 재앙의 밤에 애굽의 모든 장자는 하나님께서 보내신 멸망하게 하는 천사에게 죽었습니다. 그런데 그날 죽지 않은 장자들이 있었습니다. 어린양의 피를 문의 인방과 설주에 바른 하나님 백성의 집에 있는 장자들이었습니다. '어린양의 피'라는 인이 찍힌 집은 안전했습니다. 또 다른 이야기도 있습니다. 여호수아가 여리고 성을 무너뜨렸을 때, 성 안에 있는 모든 자를 죽이라고 명령했습니다. 그런데 여리고 성에 있는 기생 라합은 하나님을 믿었습니다. 라합은 자신의 집 창가에 약속된 '붉은 줄'을 걸어 놓았습니다. '붉은 줄'이 내걸린 라합의 집 사람들은 여호수아 군대에 죽지 않았습니다. 어린양의 피를 상징하는 붉은 줄이 그 집에 인으로 찍혔기 때문입니다.

사랑하는 여러분, 저는 이 이야기를 해 드리고 싶습니다. 성도의 삶은 완전히 망할 수 없습니다. 그리스도인의 삶은 절대로 완전한 절망에 떨어질 수 없습니다. 교회의 운명이 아무리 바람 앞에 등불 같다 할지라도 교회는 절대로 진멸되지 않습니다. 첫째 인을 뗄 때부터 다섯째 인을 뗄 때까지 일어난 일반적 재앙은 세상과 교회가 함께 겪습니다. 그러나 여섯째 재앙은 최후의 심판을 상징하며 교회에는 미치지 못합니다. 교회, 즉 하나님의 종들의 이마에 '인'이 있기 때문입니다. 세상이 불에 타 사라질 때, 교회와 성도는 불에 타지 않습니다. 이마에 인이 있기 때문입니다. 그 인은 예수 그리스도입니다. 온 세상이 전혀 살 소망이 없다고 비명을 지를 때, 우리는 세상과 함께 비명을 지르지 않습니다. 우리의 이마에 새겨진 그리스도 때문입니다.

간혹 심방을 하면, "죄가 많아 하나님이 떠나신 것 같다"고 얘기하는 성도들이 있습니다. 이런저런 죄들이 있고 아직 제대로 그 죄를 회개하지 못했기 때문에 하나님의 신이 떠났다고 말입니다. 거룩하지 않은 내 삶에 하나님께서 거하실 수 없다고 한탄합니다. 그리스도께서 우리 생명의 주인이신 것을 고백하고 우리의 구원자라고 믿는다면, 아니 우리가 예수님을 단 한 번이라도 진심으로 영접한 사람이라면, 우리의 이마에 그리스도의 인이 찍혔다면, 그 인은 결코 지워지지 않습니다. 그 인은 피부에 찍힌 것이 아니라 영혼에 새긴 것입니다. 그리스도 예수의 피로 사신 당신의 백성을 주께서 잃어버리는 경우는 없습니다.

망가지고 부서져서 하나님께 무용한 존재, 아니 하나님 나라의 소속이라는 것조차 누가 되는 한심한 쓰레기라 해도 '그리스도의 인' 때문에 그는 결국 그분의 나라에 들어갈 것입니다. '하나님의 진노의 불에 타지 않을 것'입니다. 바울은 이렇게 확신합니다.

내가 확신하노니 사망이나 생명이나 천사들이나 권세자들이나 현재 일이나 장래 일이나 능력이나 높음이나 깊음이나 다른 어떤 피조물이라도 우리를 우리 주 그리스도 예수 안에 있는 하나님의 사랑에서 끊을 수 없으리라(롬 8:38-39)

우리는 안전합니다. 영원한 심판과 하나님의 진노로부터 세상 모든 것이 불타 사라질 그날에 주님이 우리 손을 붙잡고 서 계실 것입니다. 세상이 거대한 비명을 지를 때 우리는 주님의 품에 있을 것입니다. 하나님의 진노의 불이 세상을 태울 때에도 우리를 사르지 못할 것입니다. '그리스도 예수' 때문입니다.

도미티아누스 황제의 치하에서 핍박받던 소아시아 교회에 이 말씀은 위로였습니다. 성도는 세상을 살면서 여러 고난을 받아 힘들 수 있습니다. 그 고난은 내 삶에 잠깐 찾아오는 산들바람이 아니라 허리케인 같습니다. 그러나 예수님은 태풍 앞에 있는 우리에게 안전하다고 말씀하십니다. 몸뿐 아니라 영혼까지 죽이실 수 있는 하나님의 진노를 피할 수 있는 존재는 우리밖에 없습니다.

교회, 하나님의 전투에 참전한 자들

이제 예수님의 인을 받은 교회에 대한 묘사를 살펴봅시다. 주님의 보호를 약속받은 교회가 어떤 모습인지 나와 있습니다. 4-14절은 참된 교회와 성도에 대한 두 가지 특징이 나옵니다. 첫 번째 특징은 144,000이라는 숫자와 각 지파에서 12,000명씩을 뽑는 인구 조사 기사에서 찾을 수 있고, 두 번째 특징은 "이 흰 옷을 입은 자들이 누구며 또 어디서 왔느냐"(13절)라고 묻는 장로의 질문에 대한 답변에서 찾을 수 있습니다. 과연 주님의 보호를 받는 교회와 성도는 어떤 모습일까요?

> 내가 인 침을 받은 자의 수를 들으니 이스라엘 자손의 각 지파 중에서 인 침을 받은 자들이 십사만 사천이니……베냐민 지파 중에 인 침을 받은 자가 일만 이천이라(4-8절)

인구조사 장면을 통해 발견할 수 있는 교회의 첫 번째 특징은, 교회는 '전투하는 공동체'라는 점입니다. 이스라엘이 백성을 계수하는 경우는 단 한 가지입니다. 전쟁을 치르기 위해서입니다. 그런데 각 지파에서 일정의 자원병을 받는 것은 구약성경 곳곳에서 전쟁을 준비할 때 나오는 의식입니다. 성경은 지금 정확히 우리에게 교회의 성격이 '전투하는 공동체'라고 이야기합니다. 어떤 이단 종파는 144,000명이라는 숫자 자체에 의미를 둡니다. 자기 단체의 인원이 144,000명이 되면 주님이 오실 것이라고 주장하며 열심히 포교를 하는 단체도 많습니다. 그러나 이 숫자는 사람의 수를 의미하는 게 아닙니다. '12'는 교회의 숫자입니다. 구약 교회를 상징하는 열두 지파와 신약 교회를 상징하는 열두 제자에 '많음'을 상징하는 1,000을 곱한 숫자가 144,000입니다. 다시 말해, 144,000은 예수 그리스도로 인 친 이 땅의 모든 교회를 의미합니다.

여러분, 이 땅의 교회는 '전투하는 공동체'입니다. 또한 이 땅의 모든 교인은 '전투하는 성도'입니다. 그러므로 우리는 사탄과 사탄이 지배하는 세상과 싸워야 하는 존재입니다. 하나님이 주신 전신갑주를 입고, 서로를 기도의 끈으로 묶어 사탄의 세력과 싸워야 하는 존재가 바로 교회요 성도입니다. 교회는 놀이터가 아닙니다. 교회는 병원이 아닙니다. 교회는 연애하는 곳이 아닙니다. 교회는 '마하나임'(하나님의 군대)입니다. 우리는 아군끼리 싸워서는 안 되며, 우리의 힘을 아군을 공격하는 데 써서도 안 됩니다. 우리는 적과 싸워야 합니다. 상한 친구를 등에 업고, 다리를 저는 친구에게 내 어깨를 내주어야 합니다. 아군과 함께 끝까지 적과 싸워야 하는 '하나님의 군대'입니다.

교회, 큰 환난에서 나오는 자들

하나님께 보호받는 '참된 교회'의 두 번째 묘사를 살펴보겠습니다. 13절을 보면 장로 중 하나가 하나님을 찬양하는 '교회'의 모습을 보고 요한에게 물어봅니다. "이 흰 옷 입은 자들이 누구며 또 어디서 왔느냐?"(13절) 요한이 대답합니다. "내 주여 당신이 아시나이다"(14절). 장로가 다시 요한에게 말합니다. "이는 큰 환난에서 나오는 자들인데 어린양의 피에 그 옷을 씻어 희게 [된 자들이구나]." 참된 교회의 두 번째 특징은 바로 '큰 환난에서 나오는 자들'입니다.

큰 환난을 당하지 않고 나와서 존재한다는 뜻이 아닙니다. 여기에 있는 큰 환난은 하나님이 분노하셔서 내리신 재앙이 아닙니다. 세상과 사탄이 만들어 낸 환난입니다. 예수님을 믿기 때문에 당하는 어려움이며, 교회를 섬기기 때문에 당하는 환난입니다. 영혼들을 위해 수고했기 때문에 당하는 어려움입니다. 주님을 싫어하는 세상에게 당하는 모든 어려움이 바로 '환난'입니다. 참된 교회 분별법은 의외로 쉽습니다. 주님 때문에 당한 손해가 있는지 보면 됩니다.

저는 지금 진지하게 여러분께 이 말씀을 드립니다. 예수님을 믿으면 이 땅을 살면서 많은 것을 쉽고 빠르게 얻을 수 있으며, 세상 사람들보다 더 좋고 편한 삶을 살 거라고 생각하는 분들이 있다면 포기하십시오. 그런 기독교는 없습니다. 그건 기독교가 아닙니다. 기독교적인 탈을 쓴 무속 신앙입니다. 예수님은 그런 약속을 하신 적이 없습니다. 예수님은 하늘에 있는 신령한 복을 약속하셨지, 땅에 있는 세상의 복을 약속하신 적이 없습니다. 세상 사람들, 즉 하나님을 믿지 않는 이들에게도 원하는 것들을 주시겠다고 하나님께서 약속하신 적이 없습니다. 반면 성경은 우리에게 이렇게 말하고 있습니다. "너희는 큰 환난을 통과한 자들이 되어야 한다"라고 말입니다. 이것이 성도의 정체성입니다.

끝까지 전투한 교회에 주시는 하나님의 위로

사역을 하면서 낙심할 때가 있습니다. 뭔가 기대하며 열심히 발버둥치듯 사역을 했는데 열매가 없거나, 섬기던 제자들이 무너지는 것을 볼 때 그렇습니다. 그럴 때면 일이 손에 잘 잡히지 않습니다. 성경이 잘 읽히지 않습니다. 어떻게 설교를 해야 할지 모르겠습니다. 정말 이제는 더 이상 못하겠다는 생각도 듭니다. 그런데 그런 제게 하나님이 15-17절 말씀을 주셨습니다.

> 그러므로 그들이 하나님의 보좌 앞에 있고 또 그의 성전에서 밤낮 하나님을 섬기매 보좌에 앉으신 이가 그들 위에 장막을 치시리니 그들이 다시는 주리지도 아니하며 목마르지도 아니하고 해나 아무 뜨거운 기운에 상하지도 아니하리니 이는 보좌 가운데에 계신 어린양이 그들의 목자가 되사 생명수 샘으로 인도하시고 하나님께서 그들의 눈에서 모든 눈물을 씻어 주실 것임이라

끝까지 전투한 교회에 주시는 하나님의 위로가 무엇일까요? 주께서 친히 우리의 눈물을 씻기시는 것입니다. 이 땅에서 성도로 살려면 힘듭니다. 이 땅은 재앙이 끝나지 않습니다. 아담 이후, 이 땅에는 늘 고통이 있습니다. 이런 세상 속에서 성도로 전투하며 사는 것은 결단코 쉽지 않습니다. 이 땅에서 큰 환난을 주의 방식으로 걸어 나가는 게 쉽지 않습니다. 우리는 힘든 삶을 살 것입니다. 성도로 살면 아픔이 있습니다. 포기할 것도 많습니다. 하나님의 군인이기 때문에 내려놓아야 하는 것이 있습니다. 성도이기 때문에 피할 수 없는 환난을 통과해야 합니다. 그래서 이 길에서 도망치고 싶은 날이 분명 있을 것입니다. 그런데 주님이 이런 우리를 위해 약속하시는 게 있습니다. 하나님이 '친히 우리 위에 장막을 치신다'고 하십니다. 하나님이 자신의 날개로 우리를 덮으시겠답니다. 그분의 옷자락으로 우리를 덮으시겠다는 표현입니다. 그리고 다시는 주리지도 목마르지도 뜨거운 기운에 상하지도 않게 하시겠답니다.

예수를 믿는 것 때문에 집에서 쫓겨나 무덤에 살고 있는 이들, 추위에 떨며 습한 기운에 떨고 있는 이들을 향해 주께서 덮어 주신다고 하십니다. 배고프고 목마른 삶을 사는 우리에게 마실 것과 먹을 것을 책임지시겠답니다. 심지어 이 땅에서 불에 타 순교한 이들을 품으시며 다시는 그런 불기운이 널 상하게 하지 못하도록 하겠다고 하십니다. 이 땅에서 성도로 살았던 모든 삶이 주마등처럼 지나갈 것입니다. 우리 눈물을 주께서 씻어 주실 것입니다. 이것이 성도가 믿는 것이고, 성도가 끝까지 살아갈 수 있는 정체성입니다. 주님의 보호와 위로가 우리를 끝까지 지킬 것입니다.

6장

이 책을 먹으라

1내가 또 보니 힘 센 다른 천사가 구름을 입고 하늘에서 내려오는
데 그 머리 위에 무지개가 있고 그 얼굴은 해 같고 그 발은 불기둥
같으며 2그 손에는 펴 놓인 작은 두루마리를 들고 그 오른발은 바
다를 밟고 왼발은 땅을 밟고 3사자가 부르짖는 것같이 큰 소리로
외치니 그가 외칠 때에 일곱 우레가 그 소리를 내어 말하더라 4일
곱 우레가 말을 할 때에 내가 기록하려고 하다가 곧 들으니 하늘에
서 소리가 나서 말하기를 일곱 우레가 말한 것을 인봉하고 기록하
지 말라 하더라 5내가 본 바 바다와 땅을 밟고 서 있는 천사가 하늘
을 향하여 오른손을 들고 6세세토록 살아 계신 이 곧 하늘과 그 가
운데에 있는 물건이며 땅과 그 가운데에 있는 물건이며 바다와 그
가운데에 있는 물건을 창조하신 이를 가리켜 맹세하여 이르되 지
체하지 아니하리니 7일곱째 천사가 소리 내는 날 그의 나팔을 불
려고 할 때에 하나님이 그의 종 선지자들에게 전하신 복음과 같이
하나님의 그 비밀이 이루어지리라 하더라 8하늘에서 나서 내게 들

리던 음성이 또 내게 말하여 이르되 네가 가서 바다와 땅을 밟고
서 있는 천사의 손에 펴 놓인 두루마리를 가지라 하기로 9내가 천
사에게 나아가 작은 두루마리를 달라 한즉 천사가 이르되 갖다 먹
어 버리라 네 배에는 쓰나 네 입에는 꿀같이 달리라 하거늘 10내가
천사의 손에서 작은 두루마리를 갖다 먹어 버리니 내 입에는 꿀같
이 다나 먹은 후에 내 배에서는 쓰게 되더라 11그가 내게 말하기를
네가 많은 백성과 나라와 방언과 임금에게 다시 예언하여야 하리
라 하더라

요한계시록 10장 1-11절

계시록을 읽을 때는 현재 읽고 있는 부분이 계시록 어디쯤에 위치하는지 기억하는 것이 꼭 필요합니다. 본문의 문맥상 위치가 의미하는 바가 있기 때문입니다.

이제 우리는 계시록 중반에 있는 '교회를 위한 권면'을 살펴보고 있습니다. 계시록 1장은 저자와 독자와 이 편지를 주신 이에 대해 기록하고, 2-3장은 당시 1차 독자인 소아시아 교회들을 구체적으로 언급하며 각 교회를 권면합니다. 4-5장은 천상에서 벌어지는 예배 장면을 보여 주며 우리의 시선을 들어 그날에 있을 영광의 자리를 바라볼 것을 요구합니다. 여기까지가 계시록의 서론입니다. 계시록의 본론(6-16장)에서는 재앙 기사들이 일곱 번씩 세 번 반복되며 나옵니다. 6-9장의 일곱 인과 일곱 나팔 중 여섯째 나팔이 울리고 세상을 향한 거대한 재앙과 심판이 선언되는 가운데, 여섯째 나팔(9장)과 일곱째 나팔(11장) 사이에 있는 이번 장의 본문인 10장이 자리하고 있습니다. 10장에는 '이 땅에 있는 교회의 사명'에 대한 내용이 들어 있습니다. 세상에 대한 재앙이 반복되는 가운데 주님이 보호하시는 이 땅의 교회에 대한 메시지가 막간에 들어 있습니다. 교회를 향한 마지막 메시지가 끝나면 세상의 마지막을 의미하는 일곱 번째 나팔이 울려 퍼집니다.

계시록에 있는 재앙들은 대부분 예수 그리스도의 초림과 재림 사이에 이 땅에서 일어나는 모든 고통을 의미합니다. 이 고통은 하나님께서 비신자들에게 돌이킬 수 있도록 허락하신 기회의 시간이기도 했습니다. 이 고통 속에서 세상은 죄의 심각함을 알아야 했고, 죄의 징계에서 스스로 나올 방법은 없다는 것을 배워야 했습니다. 이때는 심판의 시간이지만 동시에 은혜의 시간이었습니다. 이것이 '말세의 이중성'입니다. 심판과 은혜를 모두 생각하며 살아야 하는 시기입니다. 성경이 보여 주는 재앙의 그림은 이 세상이 하나님의 징계 아래 놓여 있다는 뜻입니다. 인간의 죄로 이 세상은 심판을 받고 있습니다. 예수님의 재림 전까지 이 세상을 향한 하나님의 심판은 계속 진행 중입니다. 그런데 하나님께서 심판을 계속 부분적, 점진적으로 행하시는 이유는 이 심판을 보고 사람들이 회개하고 돌아오게 하기 위해서입니다. 그런데 사람들은 돌아오지 않을 뿐 아니라 하나님의 백성들을 더 핍박하는 방식으로 악해지고 있습니다. 그것이 예수님이 다시 오셔서 이 땅의 모든 것을 정리하기 전 '세상의 상태'입니다.

요한은 지금 고통당하는 성도들에게 이 세상을 어떻게 바라봐야 하는지를 가르치려고 합니다. 요한은 성도들에게 긍정적 기대를 심어 주려고 하지 않습니다. 철저하게 현실을 직시하고 분석하라고 합니다. 기독교는 가장 현실적이며 어떤 경우에는 비관적입니다. 존 파이퍼는 기독교인의 독특한 사고방식을 '비관적 낙관주의'라고 표현하는데, 저는 이에 동의합니다. 분명히 이 땅에서 우리는 나그네요 행인입니다. 절대 이곳에서 뭔가 다 이룰 것처럼 살면 안 됩니다.

《긍정의 힘》이라는 베스트셀러로 한국에 유명해진 미국 레이크우드 교회의 조엘 오스틴은 정확하게 기독교를 '긍정의 힘'으로 치환해서 성공한 사람입니다. 유명한 "래리 킹 쇼"에 나온 그는 사회자인 래리 킹의 "당신은 지옥에 대해 어떻게 생각합니까?"라는 질문에 "나는 부정적인 말이나 생각은 하고 싶지 않기 때문에 지옥같이 부정적인 것에 대해서는 말하고 싶지 않습니다"라고 했습니다. 그는 진정으로 긍정의 사람입니다. 그 어떤 부정적인 말이나 생각도 하지 않겠답니다. 그리고 그런 태도를 가졌기 때문에 자신이 바라는 모든 것을 하나님께서 주셨다고 주장합니다. 저는 기독교 방송에서 송출되는 그의 설교를 들은 적이 있습니다. 30분 동안 스무 개 남짓한 간증이 쏟아졌습니다. 주로 예수 믿고 문제가 해결되고 복을 받은 이야기들이었습니다. 잔잔한 미소와 따뜻한 목소리로 '긍정의 힘'을 설교하는 동안, 청중석 곳곳에서는 울고 웃고 박수치는 장면들이 나왔습니다. 잘 준비된 공연 같았고 어떤 면에서는 마술 같았습니다. 문제는 설교를 듣고 난 후였습니다. 저는 아무것도 바뀐 것이 없는 현실로 돌아가야 했습니다. 상황은 전혀 바뀐 것이 없었고, 바뀔 기미도 보이지 않았습니다. 공연은 끝났고 현실에 돌아왔을 때, 기대했던 기적은 전혀 없었습니다. 잠깐 약에 취한 것 같은 느낌과 공허와 허무를 경험했습니다.

세상은 강력한 힘과 권세로 하나님의 사람들을 핍박하고 자신들이 가진 매력으로 성도를 유혹합니다. 그래서 하나님은 그러한 세상을 재앙으로 치십니다. 문제는 세상이 하나님의 심판 앞에서 보이는 반응입니다. 매를 맞고 있음에도 불구하고 세상은 회개하지 않습니다. 세상이 점점 더 밝아질 것이라는 낙관적 기대는 성경적이지 않습니다. 성경은 세상이 점점 더 어두워지고, 예수를 주로 고백하는 이들을 적대할 것이라고 합니다. 세상은 더욱 완악해질 것입니다. 복음은 땅끝을 향해 계속 전하지만 동시에 배교하는 이들도 많아질 것입니다. 한때 선교를 주도했던 나라들이 이제는 오히려 선교의 대상이 된 것을 우리는 잘 압니다. 이 모든 것이 역사의 마지막을 향해 나아가고 있다는 징조입니다. 성도가 이 땅에서 성도답게 살기는 점점 더 힘들어질 것입니다. 세상 구조가 그리스도를 따르는 자들을 말살하는 쪽으로 흘러가기 때문입니다. 이것이 요한이 환상 속에서 본 기독교의 미래였고, 오늘날 우리가 그 기독교의 미래 가운데 있습니다.

힘 센 천사의 외침

계시록 10장은 기독교에 적대적인 세상 속에서 우리가 성도답게 살아갈 수 있는 '능력'이 어디에서 오는지 소개합니다. 이는 중요합니다. 이 능력이 없다면 우리는 이 세상과의 싸움에서 반드시 패배할 것이기 때문입니다. 10장은 한 특별한 천사의 등장으로 시작하는데, 그는 '힘 센 천사'입니다.

> 내가 또 보니 힘 센 다른 천사가 구름을 입고 하늘에서 내려오는데 그 머리 위에 무지개가 있고 그 얼굴은 해 같고 그 발은 불기둥 같으며 그 손에는 펴 놓인 작은 두루마리를 들고 그 오른발은 바다를 밟고 왼발

은 땅을 밟고 사자가 부르짖는 것같이 큰 소리로 외치니 그가 외칠 때에 일곱 우레가 그 소리를 내어 말하더라 일곱 우레가 말을 할 때에 내가 기록하려고 하다가 곧 들으니 하늘에서 소리가 나서 말하기를 일곱 우레가 말한 것을 인봉하고 기록하지 말라 하더라 내가 본 바 바다와 땅을 밟고 서 있는 천사가 하늘을 향하여 오른손을 들고 세세토록 살아 계신 이 곧 하늘과 그 가운데에 있는 물건이며 땅과 그 가운데에 있는 물건이며 바다와 그 가운데에 있는 물건을 창조하신 이를 가리켜 맹세하여 이르되 지체하지 아니하리니 일곱째 천사가 소리 내는 날 그의 나팔을 불려고 할 때에 하나님이 그의 종 선지자들에게 전하신 복음과 같이 하나님의 그 비밀이 이루어지리라 하더라(1-7절)

힘 센 천사에 대한 세부적 묘사를 보면, 그는 구름을 입고 머리 위에 무지개가 있고 얼굴은 해같이 빛납니다. 발은 불기둥 같은데 오른발은 바다를, 왼발은 땅을 밟고 있습니다. 입은 부르짖는 사자같이 큰 소리로 외치는데, 그 소리는 일곱 개의 벼락이 한꺼번에 치는 것같이 우렁찼습니다.

이 천사가 누구인지에 대해 학자들의 의견은 아직 통일되지 않았습니다. 세 가지 견해가 있는데, 첫째는 이 천사가 '예수님'이라는 것이고, 둘째는 '힘 센'이라는 헬라어 단어가 '가브리'(Gabri)라는 점에서 '가브리엘 천사'라고 합니다. 셋째는 특정 대상을 지칭하는 것이 아니라 그냥 '우리가 알지 못하는 힘 센 천사'라는 관점입니다. 저는 이 천사에 대한 정확한 해석은 필요하지 않다고 생각합니다. 왜냐하면 이제껏 계속 살펴봤지만 천사와 관련된 묘사도 사실 묘사라기보다는 상징적 묘사이기 때문입니다. 머리 위의 무지개는 하나님의 보호를 상징하는 무지개 언약을 생각나게 합니다. 빛나는 해는 그분의 속성인 빛을 보여 주며, 불기둥은 광야 백성을 인도하실 때 사용하신 것입니다. 땅과 바다를 한쪽씩 밟고 있다는 것은 온 세상을 통치하신다는 것을 의미합니다. 즉 요한은 힘 센 천사의 모습을 통해, 하나님의 크고 강하신 능력을 기대하며 바라보라고 말합니다.

이 천사는 예수님을 생각나게 하는 천사였습니다. 이 천사가 등장한 이유는 그 등장하는 모습을 통해 알 수 있습니다. 5절을 보면 이 천사는 "하늘을 향하여 오른손을 들고" 있습니다. 이 모습은 고대 로마 시대에 사신이 전달할 메시지를 들고 와 백성 앞에서 선포할 때 하는 행동입니다. 천사는 지금 온 세상을 향해, 특별히 이 세상과 교회를 향해 하나님의 선포문을 읽는 것입니다.

> 세세토록 살아 계신 이 곧 하늘과 그 가운데에 있는 물건이며 땅과 그 가운데에 있는 물건이며 바다와 그 가운데에 있는 물건을 창조하신 이를 가리켜 맹세하여 이르되 지체하지 아니하리니 일곱째 천사가 소리 내는 날 그의 나팔을 불려고 할 때에 하나님이 그의 종 선지자들에게 전하신 복음과 같이 하나님의 그 비밀이 이루어지리라 하더라(6-7절)

이것은 하나님의 이름에 기대어 하는 선포입니다. 모든 것을 창조주 하나님의 이름을 가지고 하는 맹세가 대충일 수 없습니다. 그분은 지금 엄청난 것을 맹세하십니다. 이 맹세를 통해 확실히 하고자 하는 것이 무엇일까요? 약속된 그날 하나님이 선지자들에게 전하신 복음이 지체하지 않고 곧 이뤄질 것이라는 메시지입니다. 그런데 여러분, '선지자들에게 전하신 복음'이 무엇입니까? 이 복된 소식은 주께서 승천하실 때 그 모습 그대로 영광 중에 다시 오셔서 예수님을 믿기에 고난을 받는 모든 성도를 구원하시고, 성도를 핍박하는 악의 세력들을 한순간에 멸망시키실 주님의 재림과 그 재림으로 말미암아 임할 새 하늘과 새 땅에 대한 말씀입니다. 쉽게 말해서, "이제 곧 주님이 오신다"고 힘 센 천사가 하나님의 이름으로 맹세하며 외친 것입니다.

이제 이 천사의 외침이 우리에게 어떤 의미가 있는지 물어봐야 합니다. 먼저 '주께서 곧 오신다'(마라나타)라는 소식이 과연 우리에게 기쁨의 소식으로 들리십니까? '마라나타'는 1세기 소아시아 지역에서 사용한 일상적 인사말이 아니었습니다. 그러나 초대 교회는 '마라나타'를 성도 상호간에 나누는 인사말로 사용했습니다. 오늘날도 이런 인사를 할 때가 있습니다. 복음 성가 가사에도 종종 사용할 정도로 '마라나타'라는 인사말은 주님의 재림을 기다리는 우리에게 익숙합니다.

오늘날 천국을 사모하지 않는 그리스도인이 많습니다. 그들은 이 땅에 좋은 것이 많이 있다고 생각합니다. 그래서 개인적 종말도, 우주적 종말도 실제로는 원하지 않습니다. 우리는 "나는 주의 재림을 기다리지 않는다"고 솔직하게 말해야 할지 모릅니다. 그러나 고난 가운데 있었던 소아시아 일곱 교회의 성도들에게 주님의 재림에 대한 메시지는 주를 위한 지독한 고난의 끝을 의미했습니다. 고난 받는 성도에게 주님의 상이 베풀어지는 시간이며, 그들을 공격하던 세상에 하나님의 심판이 부어지는 시간입니다. 주께서 구원하기로 작정하신 모든 영혼이 건짐 받으며, 주께서 망하도록 작정하신 모든 영혼이 영원한 형벌에 떨어지는 시간입니다. 그래서 재림은 그들에게 '온전히 완성된 복음'이었던 것입니다.

임박한 재림의 경고 앞에서

요한이 들은 것은 "[재림이] 지체하지 아니[할 것]"이라는 말씀이었습니다. 반드시 급격하게 임할 것이라는 말씀이었습니다. 우리는 이 말씀이 선포되고 약 2,000년이 지난 후에도 아직 재림을 경험하지 못했습니다. "지체하지 아니할 것이다"라는 말씀에 비해 2,000년은 너무 긴 시간입니다. 그래서 이제 우리는 거의 재림이 없는 것처럼 살고 있습니다. 심지어 재림에 연연하지 않고 현재에 충실하며 세상과 신앙 사이에서 줄타기를 잘하는 사람이 '건전한 신앙인'이라고 생각하는 데까지 와 버렸습니다.

우리 대부분은 주께서 오셔서 우리 눈물을 씻어 주시기를 별로 바라지 않는 것 같습니다. 왜일까요? 주님 때문에 흘린 눈물이 없기 때문입니다. 주께서 오셔야만 해결될 수 있는 고난이, 주님 때문에 서러움을 당하는 일이 우리 삶에 없기 때문입니다.

계시록은 핍박받던 소아시아 일곱 교회에 분명한 위로의 메시지였습니다. 하지만 이 책을 통해 전혀 위로받지 못하는 이들도 있었습니다. 바로 주님 때문에 받는 핍박과 무관한 자들입니다. 그런데 계시록은 과거의 책도, 미래의 책도 아닌 '오늘의 책'입니다. 우리는 어느 쪽에 있습니까? 우리는 주님을 위해 핍박받는 사람들입니까? 주님 때문에 받는 핍박이 무엇인지 고민해도 생각나는 게 없는 사람들입니까? 만약 후자라면, 우리는 이 책을 통해 위로를 얻을 수 없습니다. 대신에 이 책에 있는 엄중한 경고를 들을 뿐입니다. 복음과 함께 고난 받지 않은 자를 위로하는 주님은 어디에도 없습니다.

시한부 종말론자들이 끊임없이 지구 종말 시나리오를 발표하고 있습니다. 갈수록 시나리오는 더욱 정교해져서 그 내용에 감탄할 정도입니다. 어떤 면에서 시한부 종말론을 주장하는 단체들이 부러울 때가 있습니다. 종말을 목전에 두고 사는 이들의 삶은 헌신적이기 때문입니다. 그러나 시한부 종말론은 이단 사상입니다. 분명 주님은 그날과 시를 우리가 모르고 그날이 "도둑같이 올 것"(계 16:15)이라고 천명하셨습니다. 주님은 우리에게 오늘이 마지막인 것처럼 주의 뜻을 구하며 살 것을 요구하셨습니다. 그런데 우리는 종말이 오지 않을 것처럼 느긋하게 오늘을 허비합니다.

오늘 힘 센 천사는 맹세하며, 우리에게 "세상과 땅에 취해 자는 잠에서 깨어나라"고 합니다. 우리가 밟고 있는 땅이 타 버릴 것이며 우리가 보고 있는 하늘이 말려 사라져 버릴 것이라고 말합니다. 여러분이 준비하던 시험, 꾸리고 싶던 따뜻한 가정, 들어가고 싶던 직장 등등. 절대 그 모든 것이 전부인양 목숨 걸지 말라고 합니다. 이 땅에서 우리는 나그네이며, 언제든 주님이 부르시면 고향집에 가야 하는 존재임을 기억해야 합니다. 지금 주님의 재림이 우리에게 확실히 다가오고 있습니다. 그리고 그때 주님의 심판을 받을 것을 생각하며 살아야 합니다. 사랑하는 여러분, 이것이 우리가 이 땅에서 그리스도의 증인인 교회로 살 수 있게 해 주는 힘의 근원입니다. 반드시 주님은 곧 오십니다.

종말의 때에 성도가 먹어야 할 것

힘 센 천사가 주는 두 번째 메시지는 그가 들고 있는 두루마리를 요한에게 "가지라"고 한 내용에서 찾을 수 있습니다. 8-10절입니다.

하늘에서 나서 내게 들리던 음성이 또 내게 말하여 이르되 네가 가서 바다와 땅을 밟고 서 있는 천사의 손에 펴 놓인 두루마리를 가지라 하기로 내가 천사에게 나아가 작은 두루마리를 달라 한즉 천사가 이르되 갖다 먹어 버리라 네 배에는 쓰나 네 입에는 꿀같이 달리라 하거늘 내가 천사의 손에서 작은 두루마리를 갖다 먹어 버리니 내 입에는 꿀같이 다나 먹은 후에 내 배에서는 쓰게 되더라

힘 센 천사가 등장할 때부터 이 두루마리를 소개합니다. 이는 "펴 놓인 두루마리"(8절)입니다. 이 책이 무엇이며, 이 책에 기록된 것이 무엇인지에 대해서도 여러 이견이 있습니다. 대부분의 시한부 종말론자들은 이 두루마리가 종말의 때에 일어날 일의 기록이라고 말합니다. 요한이 이 종말에 대한 책을 먹음으로 이후에 그가 일곱 나팔과 일곱 대접의 재앙을 기록할 수 있었다는 것입니다. 그런데 저는 이 내용이 종말에 일어날 세부적인 기록이 아니라고 생각합니다. 이유는 이 책의 내용을 천사가 요한에게 기록하지는 말라고 했기 때문입니다(10:4). 힘 센 천사의 일곱 우레 소리로 들려진 내용이기는 하나 기록이 금지되었습니다. 하나님은 계시록을 읽을 성도에게 종말의 시간표와 세부적인 사건들을 알려 주고 싶지 않으셨습니다.

저는 이 펼쳐진 두루마리를 우리에게 이미 주어진 책, '신·구약 성경'이라고 생각합니다. 천상에 계신 예수님이 직접 요한에게 하신 말씀은 힘 센 천사의 입에서 나온 종말의 현상에 대해 기록하지 말고, 힘 센 천사의 손에 펼쳐져 있는 말씀, 이미 알려진 성경의 말씀을 먹으라는 가르침이라고 생각합니다. 주님은 우리에게 이미 펼쳐진 이 책을 먹으라고 말하십니다. 이미 우리에게 주어지고 펼쳐진

책을 씹어서 먹어야 한답니다. 즉 성경을 취하여 읽되, 단지 눈으로 읽는 지적 작업으로의 성경 읽기가 아니라 씹어서 삼키라는 것입니다. 이를 두고 "귀납적 성경 연구를 해야 한다"라고 말씀하시는 분도 있지만 저는 그 정도까지는 아닙니다. 저는 이 부분을 조금 더 확대해서 '성경의 내용을 단지 아는 정도'가 아니라 '그 성경의 내용을 살아 내라'는 것으로 이해합니다.

저는 말씀을 전하며 그 말씀대로 목회하는 것이 무엇인지를 경험하기 원합니다. 기록된 하나님의 말씀을 밝히 알면 그 말씀이 주는 지혜로 삶의 여러 문제에 대해 올바른 답을 주신다고 믿습니다. 성경에는 우리를 구원에 이르게 하는 지혜가 있고, 우리로 구원에 합당한 사람이 되게 하는 데 필요한 모든 교훈과 책망과 바르게 함과 의로 교육하기에 유익한 것이 들어 있다고 믿습니다.

그러니 우리는 세상을 살기 위해 새로운 책이 필요한 것이 아닙니다. 새로운 계시가 필요한 것도 아닙니다. 고난이 많은 시절이든, 취업이 잘 안 되는 시절이든, 어려운 결혼 생활이든 간에 우리는 다른 책이 아니라 이미 펼쳐진 책, 죽임 당한 것 같은 어린양의 손에 의해 봉인이 해제된 하나님의 말씀 안에서 답을 찾아야 합니다. 본문에 나오는, 하늘에서 나서 요한에게 들리던 음성은 우리에게 이렇게 말하는 것 같습니다. "너희는 종말론적 긴장 속에서 산다. 이 과정을 살아 낼 방법과 길에 대해 나는 말씀에 남겨 놓았다. 이 책은 닫힌 책이 아니다. 내가 이 책의 인봉을 다 떼었다. 그러니 부디 이 말씀을 먹어라! 씹어 삼켜라! 제발 좀 공부하고, 공부한 대로 살아라. 사람들의 말에 휘둘리지 말고, 펼쳐진 말씀 위에 견고하게 서라. 한 번밖에 없는 인생을 기록된 말씀의 터 위에서 바로 세워라!"

그 두루마리가 갖는 복음의 특성

9절에서 요한은 천사에게 두루마리를 받기 위해 나갔습니다. 그리고 두루마리를 달라고 합니다.

> 내가 천사에게 나아가 작은 두루마리를 달라 한즉 천사가 이르되 갖다 먹어 버리라 네 배에는 쓰나 네 입에는 꿀같이 달리라 하거늘(9절)

그때 천사의 입에서 나온 말이 "네 배에는 쓰나 네 입에는 꿀같이 달리라"입니다. 나눠서 해석하면, 일단은 말씀을 갖다 먹으라는 것입니다. 단지 읽는 게 아니라 말씀이 내 속에서 완전히 소화되어 곧 내가 되도록 만들어야 한다는 의미입니다. "내가 먹는 그것이 곧 나다"라고 말했던 유물론자들의 주장이 있는데 지금 정확하게 그 주장을 하는 것입니다. "말씀을 먹어서 말씀이 되어라"는 것입니다. 말씀으로 내 삶 전체를 바꾸라는 것이고, 말씀을 씹어 삼켜서 이 어렵고 힘겨운 시간을 견뎌 내는 존재가 되라는 것입니다. 되새김질하는 짐승처럼 계속해서 말씀을 묵상하고 씹으라는 것이고, 설교를 끊임없이 되뇌이며 한 주를 살라는 의미입니다. 먹는 것이 네 존재를 변화시킬 수 있도록 단지 읽는 것을 넘어서 하나님의 말씀인 성경을 대하라는 의미입니다.

그런데 천사는 '말씀 많이 보고 적용하라'로 끝낸 것이 아니라 이 말씀 자체에 대한 부연 설명을 달았습니다. 이 두루마리가 "네 배에는 쓰나 네 입에는 꿀같이 달리라"고 했습니다. 해석의 과정은 생략하고 결론만 말하면, 하나님의 말씀은 읽거나 들을 때는 꿀처럼 달다는 의미입니다. 물론 설교 시간이 세상 어떤 시간보다도 버거운 이들도 있습니다. 그런데 지금 여기서 말하는 대상은 성도이고 교회입니다. 구원받은 성도는 기본적으로 하나님의 말씀인 성경을 듣고 읽는 것을 기뻐합니다. 어려운 교리가 해석될 때 우리는 기쁩니다. 성경 말씀을 처음 읽을 때 우리는 그 속에서 수많은 위로를 발견할 수 있습니다.

그런데 "네 입에는 꿀같이 달리라" 앞에 있는 "네 배에는 쓰나"라는 말은 무엇일까요? 말씀 적용입니다. 하나님의 말씀을 바로 삶에 적용할 때 씁니다. 그냥 성경을 읽을 때는 고개를 끄덕일 수 있는데 내가 처한 상황 속에 말씀을 적용하려면 잘 안 됩니다. 몸이 따라 주지 않습니다. 솔직히 말씀대로 살면 망할 것 같습니다.

성경 안에 있는 몇몇 예를 살펴보겠습니다. 우리는 다윗을 정말 좋아합니다. 다윗이 골리앗을 이겼기 때문입니다. 그런데 우리는 믿음으로 돌멩이 다섯 개를 가지고 세상이라는 골리앗에게 나아갈 수 있을까요? 다윗과 골리앗의 전투를 설교로 들을 때는 좋습니다. 그러나 막상 적용하려면 우리는 손이 굳고 발이 떨어지지 않습니다. 또한 우리는 하나님이 이스라엘 백성 앞에 놓인 홍해를 가르고 길을 만드신 이야기를 좋아합니다. 그러나 우리의 힘으로는 해결할 수 없는 홍해의 자리에 믿음으로 나오라는 명령에 순종하기란 어렵습니다. 한 가지 더, 우리는 십자가에 달리신 예수님의 이야기를 좋아합니다. 생명을 주는 이야기이기 때문입니다. 그러나 우리에게 그 십자가를 지라는 주님의 명령을 따르기란 쉽지 않습니다.

좀 거칠게 요약하면 성경은 두 가지를 말합니다. 첫째는 인간의 무능과 죄악 됨을 드러내고, 둘째는 하나님의 영광을 드러냅니다. 그래서 성경 말씀을 그대로 적용하려면 배에서 쓴 것이 당연합니다. 말씀이 검보다 예리하여 혼과 영과 관절과 골수를 찔러 쪼개기까지 하여 꼭꼭 감춰 둔 마음의 생각과 뜻을 판단하여 우리 행동의 '악함'을 드러냅니다. 그런데 어떻게 가만히 있을 수 있겠습니까? '악' 소리가 납니다. 그런데 말씀이 무엇을 요구합니까? 드러낸 것을 수술하겠답니다. 나는 멀쩡하다고 생각하는데 칼을 들고 와서 내 생살을 찢겠답니다. 이제껏 내가 붙잡고 그나마 나를 지탱해 주었던 것들을 부숴 버리겠답니다. 내 안에 '자기 의'로 남겨질 수 있는 그 어떤 것도 다 부숴 버리겠답니다. 그래서 말씀을 적용하여 나를 고치려 할 때 쓴 것입니다.

그렇다면 "네 배에는 [쓴 말씀]"을 우리가 어떻게 먹을 수 있을까요? 어떻게 우리는 말씀에 순종하며, 말씀을 삶 가운데 적용하여 살 수 있을까요? 성경 말씀은 "입에는 꿀같이 [달다]"고 되어 있습니다. 그러나 분명한 강조점은 "네 배에는 쓰[다]"는 것에 있습니다. 성경은 우리를 속이거나 현혹하지 않습니다. 일부 그릇된 기독교에서 예수님을 믿으면 땅의 온갖 복을 누릴 수 있다고 말하지만, 그것은 기독교가 아닙니다. 기독교는 둘 다를 말합니다. 말씀을 먹으면 분명히 달 것입니다. 그러나 그 말씀을 소화하여 살아 내려면 쓸 것입니다. 그러니 둘 다 정확하게 알고 말씀을 먹어야 합니다.

그렇다면 배에는 쓴 말씀을 누가 먹을 수 있을까요? 자신이 아프거나 지금 정상이 아니며 심각한 도움이 필요한 상태라는 것을 아는 사람만이 말씀을 먹을 수 있습니다. 우리는 언제 쓴 약을 먹습니까? 우리가 아프다는 것을 인정할 때 먹습니다. 이 말씀을 먹지 않고는 도저히 성도로 살 수 없다는 것을 인정한 사람들이 말씀을 먹습니다. 자신의 무능함을 아는 자들만이 말씀 앞에서 자신을 조율

하기 위해 말씀을 먹습니다. 아침이나 자기 전에 성경을 묵상하는 사람들은 시간이 남거나 고전 문학에 관심이 많은 사람이 아닙니다. 내가 죄인인 것을 알고, 내 힘으로는 도무지 주님 뜻대로 살 수 없다는 것을 정확하게 아는 사람이 성경을 읽습니다. 하나님이 주시는 지혜가 아니면 하루도 성도로 살 수 없다는 것을 아는 사람만이 성경을 먹을 수 있습니다. 말씀을 먹으십시오. 결국 쓴 말씀이 우리를 천국 백성으로 빚을 것입니다. 말씀을 차근차근 씹어 먹으십시오. 연구하고 묵상하고 그것을 적용하기 위해 수고하십시오. 세상의 방식으로 빨리 갈 수 있는 포장 도로는 아닙니다. 하나님의 말씀을 상징하는 언약궤 뒤를 따르는 자들만 가나안에 들어갔던 것처럼, 오직 그 길만이 구원의 길이며 생명의 길입니다.

종말 때 성도의 고백

이번 장의 결론은 11절입니다. 이 결론 때문에 계시록 11장에 '두 증인'이 등장합니다. 하늘의 음성이 요한에게 말합니다.

> 그가 내게 말하기를 네가 많은 백성과 나라와 방언과 임금에게 다시 예언하여야 하리라 하더라

전하라는 것이지요. 온 세상을 향해서 네가 받은, 배에는 쓰나 입에는 단 말씀, 네가 먹은 말씀을 가감 없이 쏟아 놓으라는 것입니다. 중요한 것은 '예언하여라' 앞에 '다시'입니다.

요한은 밧모섬에 유배 와 있습니다. 그는 백 세가 가까운 나이에 혹독한 시련을 겪습니다. 그가 고난을 겪는 이유는 세상 속에 사는

성도들에게 하나님께 들은 말씀을 그대로 전했기 때문입니다. 십자가 복음을 전했기 때문이며, 사람들의 본성을 공격하는 말씀을 전했기 때문입니다. 또한 타협하지 않았기 때문이며, 무언가를 복음에 타지 않았기 때문입니다. 이제 그는 쉬어도 될 것 같습니다. 말씀을 더 이상 전하지 못할 곳까지 왔습니다. 이제 그렇게 버티다 하나님 나라에 가면 됩니다. 그런데 그런 그를 향해서 또 한 번 하나님이 소명을 주십니다. "너는 다시 예언하라"라고. 하늘에 올라와서 그곳에 머물며 천상의 예배를 경험했습니다. 영광스러운 환상을 목도했습니다. 그런데 그렇게 영광스러운 빛에 사로잡혀 있던 요한을 향해서 이제 그만 내려가라고 명령하십니다.

여러분, 요한이 얼마나 내려가기 싫었겠습니까? 얼마나 천상에 머물고 싶었겠습니까? 그런데 그에게 들린 메시지는 "내려가라"입니다. 세상 속에서 세상을 사랑하며 살아야 합니다. 그러나 세상이 듣고 싶은 것을 전하는 것은 아닙니다. 끊임없이 세상을 향해 한 영혼이라도 건지기 위해 '복음'을 외쳐야 하는 것입니다.

어려운 시대를 살아가는 우리에게 계시록은 말하고 있습니다. 첫째, 재림의 확실성과 긴박성을 이해하십시오. 둘째, 배에는 쓰나 입에는 꿀같이 단 하나님의 말씀을 집어 먹으십시오. 셋째, 그 말씀을 가지고 다시 세상 속으로 뛰어 들어가십시오. 그리고 거기서 진리를 외치고 살아 내십시오. 단지 이름만 성도가 아닌 마지막 때에 진정한 '증인의 삶'을 살아 내는 참 성도와 제자 되시기를 바랍니다.

7장

그 백성이 사는 길

[3]내가 나의 두 증인에게 권세를 주리니 그들이 굵은 베옷을 입
고 천이백육십 일을 예언하리라 [4]그들은 이 땅의 주 앞에 서 있
는 두 감람나무와 두 촛대니 [5]만일 누구든지 그들을 해하고자
하면 그들의 입에서 불이 나와서 그들의 원수를 삼켜 버릴 것
이요 누구든지 그들을 해하고자 하면 반드시 그와 같이 죽임을
당하리라 [6]그들이 권능을 가지고 하늘을 닫아 그 예언을 하는
날 동안 비가 오지 못하게 하고 또 권능을 가지고 물을 피로 변
하게 하고 아무 때든지 원하는 대로 여러 가지 재앙으로 땅을
치리로다 [7]그들이 그 증언을 마칠 때에 무저갱으로부터 올라오
는 짐승이 그들과 더불어 전쟁을 일으켜 그들을 이기고 그들을
죽일 터인즉 [8]그들의 시체가 큰 성 길에 있으리니 그 성은 영적
으로 하면 소돔이라고도 하고 애굽이라고도 하니 곧 그들의 주
께서 십자가에 못 박히신 곳이라 [9]백성들과 족속과 방언과 나
라 중에서 사람들이 그 시체를 사흘 반 동안을 보며 무덤에 장

사하지 못하게 하리로다 [10]이 두 선지자가 땅에 사는 자들을 괴
롭게 한 고로 땅에 사는 자들이 그들의 죽음을 즐거워하고 기
뻐하여 서로 예물을 보내리라 하더라 [11]삼 일 반 후에 하나님께
로부터 생기가 그들 속에 들어가매 그들이 발로 일어서니 구경
하는 자들이 크게 두려워하더라 [12]하늘로부터 큰 음성이 있어
이리로 올라오라 함을 그들이 듣고 구름을 타고 하늘로 올라가
니 그들의 원수들도 구경하더라 [13]그때에 큰 지진이 나서 성 십
분의 일이 무너지고 지진에 죽은 사람이 칠천이라 그 남은 자
들이 두려워하여 영광을 하늘의 하나님께 돌리더라

요한계시록 11장 3-13절

계시록 10장에서는 기독교를 공격하는 세상 속에서 성도와 교회로 살아갈 수 있는 능력이 어디에서 나오며, 동시에 이 세상 악의 세력에 무엇으로 맞서 싸울 수 있는지를 다뤘습니다. 성경의 가르침은 하나님의 말씀을 먹고, 그 말씀으로 세상 속으로 들어가 '다시 예언하라'는 것이었습니다. 계시록 11장은 10장의 연속이고 구체화된 내용입니다. 11장에는 10장에서 나타난 주께서 주신 사명을 감당하는 말씀 공동체의 모습이 구체화되어 '두 증인'의 모습이 나옵니다. 10장이 이론적 교회의 모습이라면, 11장은 구체적 교회의 모습입니다. 이 악이 가득한 세상에서 성도(교회)는 어떻게 살아야 하는지에 대해 교회를 상징하는 '두 증인'의 모습을 통해 보여 주기 때문입니다.

'두 증인'은 누구인가

요한은 고난 속에 있는 성도들에게 "이 고난은 곧 끝날 것이다. 그러니 조금만 더 참으라!"라고 하는 것이 아닙니다. 요한은 막연한 낙관론을 말하는 게 아닙니다. 성경 전체도 마찬가지입니다. 기독교 신앙은 철저히 현실적입니다. 현실 문제를 정확히 보아야 온전한 신앙도 나옵니다. 요한은 "이 땅의 현실을 정확하게 보라"는 말로 교회의 현실을 설명합니다. 그는 "너희가 받는 고난은 얼마간 계속될 것이며 계속해서 세상은 이런저런 방식으로 너희를 공격할 것이다"라고 말합니다. 그리고 성도와 교회에 적대적인 이 세상 속에서 그럼에도 불구하고 살아야 하는 성도의 삶을 명확하게 제시합니다. 그것은 바로 "세상 속의 증인"입니다.

3-4절은 두 증인을 두 감람나무와 두 촛대라고 말하는데, 이는 스가랴 4장에 나오는 환상입니다. 두 감람나무는 포로에서 귀향하여 이스라엘 공동체의 무너진 성전을 새롭게 세우는 제사장 여호수아와 총독 스룹바벨입니다. 두 촛대는 계시록 1장에 등장하는 '교회를 상징하는 촛대'에서 나온 것입니다. 그러므로 여기 나오는 '두 증인'은 바로 교회이며, 곧 우리입니다.

이렇게 정리했을 때, '두 증인'이 하는 일은 바로 우리가 해야 하는 일이 됩니다. 3절에 보면 두 증인이 하는 일은 굵은 베옷을 입고 예언하는 일이었습니다.

> 내가 나의 두 증인에게 권세를 주리니 그들이 굵은 베옷을 입고 천이백육십 일을 예언하리라 그들은 이 땅의 주 앞에 서 있는 두 감람나무와 두 촛대니(3-4절)

베옷을 입었다는 것은 슬픔의 회개를 의미합니다. 성도가 이 땅에서 해야 하는 일은 세상을 향해 회개의 복음을 전파하는 것입니다.

그들은 회개의 복음, 사람들의 거짓과 무능과 무력함을 드러내는 복음을 전하는 사람들이었습니다. 그들은 세상을 향해 "회개하라, 삶을 돌이키고 인생의 주인을 바꿔라"라는 메시지를 선포했습니다. 이것은 별로 특별해 보이지 않습니다. 그러나 그 시대의 교회가 처한 상황을 생각해 보십시오. 도미티아누스 황제가 혹독하게 기독교를 핍박하던 때였습니다. 갖은 핍박으로 수많은 사람이 순교했습니다. 이런 시대를 살던 성도들을 향해 사도는 "그래도 너희는 회개의 복음을 전파해야 한다"고 외쳤습니다.

최근 수년 동안 한국 교회는 복음을 전함에 있어 엄청난 변화를 경험하고 있습니다. 이전에도 복음 전파에 대한 반대는 있었습니다. 그런데 요즘 문제는 복음 전파를 막는 것이 아니라 복음 자체를 바꾸는 것입니다. 몇 가지 예를 들면, 이 땅에서 누리는 복에 집중하는 '기복 신앙'이나 기복 신앙의 서구 버전인 '번영 신학' 같은 것입니다. '긍정의 힘'이나 '적극적 사고방식'을 기독교적 용어로 포장된 것을 복음이라고 부릅니다. 이런 새로운 복음들의 공통점은 사람들이 듣고 거부감이 생기지 않도록 '개선된 복음'을 만들어 전한다는 것입니다.

사도 요한이 말하는 교회의 사명은 무엇입니까? 온 세상이 성도를 집어 삼키려는 상황에서도 이미 주어진 회개의 복음을 전하라는 것입니다. 그래서 초대 교회는 자신의 생명을 걸고 죄를 지적하는 회개의 복음을 전했습니다. 지금 이 시대를 사는 우리에게 요구하는 것도 동일합니다. 우리는 인기 없는 회개의 복음을 전해야 합니다. 죄와 의와 심판에 대해서 정확하게 외치는 회개의 복음을 우리는 외쳐야 합니다.

성도의 일과 능력

우리가 이런 복음을 전하는 사명을 감당할 수 있을까요? 솔직히 저는 무섭습니다. 펄펄 끓는 기름 솥 앞에서 어떻게 회개의 복음을 전할 수 있을까요? 저는 으르렁거리는 사자가 무섭습니다. 검투사들의 검이 두렵습니다. 육체와 마음에 가해지는 고통 앞에서 믿음을 지킬 자신이 없습니다. 내 가족이 함께 고통당한다면 더더욱 자신이 없습니다. 신앙 때문에 가족들이 자기 눈앞에서 고통당하는 것을 보면서 찬양을 불렀다는 순교자들의 이야기는 도무지 제 이야기로 받아들이기 힘듭니다. 솔직히, 제게는 그런 담대함이나 능력이 없습니다. 그런데 문제는 성도의 순교가 이미 있었고, 지금도 일어나는 일들이라는 것입니다. 그리고 심지어 앞으로도 그렇게 순교하는 사람들은 있을 겁니다. 어떻게 그런 일이 일어날 수 있을까요? 절체절명의 순간에 우리는 혼자가 아니기 때문입니다. 그 순간 주께서 우리와 함께해 주시기 때문입니다. 그리고 이 모든 것을 감당할 능력을 부어 주시기 때문입니다.

3절에는 "내가 나의 두 증인에게 권세를 주리니"라고 했고, 5절과 6절에는 그 두 증인을 해하려 하는 자들이 어떤 일을 당할지 그 내용이 나옵니다.

> 내가 나의 두 증인에게 권세를 주리니 그들이 굵은 베옷을 입고 천이백육십 일을 예언하리라……만일 누구든지 그들을 해하고자 하면 그들의 입에서 불이 나와서 그들의 원수를 삼켜 버릴 것이요 누구든지 그들을 해하고자 하면 반드시 그와 같이 죽임을 당하리라 그들이 권능을 가지고 하늘을 닫아 그 예언을 하는 날 동안 비가 오지 못하게

하고 또 권능을 가지고 물을 피로 변하게 하고 아무 때든지 원하는 대로 여러 가지 재앙으로 땅을 치리로다(3, 5-6절)

5절에 보면 그들을 해하려 하는 자들을 두 증인의 입에서 나오는 불이 삼켜 버릴 것이고, 6절에는 그들이 권능을 가지고 하늘을 닫아 그 예언을 하는 날 동안 비가 그치고, 물이 피로 변하고 아무 때든지 여러 재앙으로 땅을 칠 것이라고 했습니다.

이것을 문자 그대로 해석하면 이 두 증인은 입에서 불이 나오고, 그들이 요구하면 하늘에서 불이 떨어지는 겁니다. 이는 현대전에서 특공대가 들어가 무전을 하면 하늘에 떠 있는 공군이 폭탄을 떨어뜨리는 것과 비슷합니다. 그렇다면 이 본문을 문자적으로 읽고 해석해야 할까요? 아닙니다. 이 부분 역시 상징적 기술입니다. 두 증인의 입에서 나오는 불과 하늘에서 떨어지는 불은 열왕기에서 회개의 복음을 선포한 엘리야 선지자를 통해 일어난 일을 말하는 것입니다. 열왕기하 1장에 북 이스라엘 왕 아하시야가 하나님의 선지자 엘리야를 죽이려고 군사 50명을 파견합니다. 선지자를 지키기 위해 하나님의 불이 내려와 아하시야의 군사들을 살랐습니다. 또 하늘을 닫아 비를 내리지 않게 한 것도 엘리야와 관련된 이야기이고, 물을 피로 바꿔 애굽을 치신 사건은 모세가 애굽에서 이스라엘 백성을 이끌고 탈출할 때 나온 이야기입니다. 두 증인과 관련된 기적들은 하나님이 자신의 사람들을 지키셨던 과거의 일들을 기술한 것입니다. 회개의 복음을 전하는 교회를 하나님이 친히 지키십니다. 하나님이 '엘리야'와 '모세'에게 함께하시면서 대적들을 치신 것처럼, 회개의 복음을 전하는 하나님의 사람들과 교회는 하나님의 권세를 얻고,

그 권세로 이 땅에서 증인으로서 온전하게 하시겠다고 약속하셨습니다.

성도는 이 땅에서 회개의 복음을 증거하는 사람입니다. 증인으로 사는 성도는 이 땅에서 반드시 공격을 받습니다. 그러나 하나님께서 친히 당신의 증인을 보호하신답니다. 그래서 성도는 강력해집니다. 회개의 복음을 전하는 하나님의 교회는 강력했습니다. 세상이 그들을 감당할 수 없었습니다. 기독교는 수많은 탄압을 받았습니다. 그러나 그 많은 탄압에도 불구하고 복음과 교회와 진실한 성도가 여전히 세상에 존재합니다. 이것은 기적입니다. 힘겨운 세상 속에서 여전히 회개의 복음을 전하는 성도가 많은 것은 하나님께서 그들을 권능으로 보호하시기 때문입니다. 모세와 엘리야가 그랬던 것처럼 그들을 붙잡고 계신 하나님의 능력이 그들을 통해 나타나기 때문입니다. 그래서 우리의 상황이나 절박한 기도보다 주께서 맡기신 복음을 가지고 세상에 나갈 때, 놀랍게 일하시는 주님을 목도할 것입니다. 하나님의 능력이 나를 통해 일하시는 것을 경험할 것입니다. 악한 자가 우리를 만지지도 못할 것이고, 세상이 우리를 삼키지 못할 것입니다. 이것이 악한 세상을 사는 교회와 성도에게 주신 하나님의 권능이고 성령의 능력입니다.

사실 우리는, 우리 안에 있는 이 능력을 너무 모릅니다. 사용해 본 적이 없기 때문입니다. 세상이 우리를 위협할 때, 나는 못하겠다며 먼저 고개를 숙였기 때문입니다. 그런데 사탄에게 속한 세상은 성도와 교회 안에 있는 '성령의 능력'을 정확하게 알고 있습니다. 그래서 끊임없이 교회와 성도를 이 땅에서 멸망시키려는 것입니다. 로마 제국은 이제 막 자라나는 교회를 내버려 둘 수 없었습니다. 하나님의 말씀과 성령의 능력을 가지고 복음을 전하는 교회는 그들이 갖고 있는 모든 전제를 무너뜨릴 힘이 있다는 것을 알았기 때문입니다. 그래서 교회를 무너뜨리려고 했고, 깨어 있는 성도를 핍박한 것입니다. 그러나 역사는 우리에게 증명합니다. 강력해 보였던 세상은 교회를 삼켜 멸하지 못했습니다. 온 세상을 집어 삼킬 것처럼 강력했던 로마 제국이나 강력한 이념으로 기독교를 말살하려 했던 공산주의도 이 땅의 교회를 삼키지 못했습니다. 교회를 말살하려던 세상 권세는 남아 있지 않으나 그 세상에게 핍박받던 교회는 지금도 남아 있습니다. 이것이 성도와 교회 안에 있는 하나님의 능력과 권세입니다. 하나님께서 이 땅에서 영적 전투를 싸우며 회개의 복음을 전하는 성도에게 분명히 주시겠다고 한 것입니다.

성도의 삶에 대한 세상의 반응, 죽임

앞서 우리는 악한 세상에서 회개의 복음을 전하는 증인, 그리고 그 증인을 공격하는 세상과 세상의 공격에도 하나님의 권능으로 이기는 증인에 대해 정리했습니다. 여기까지는 무척 기분 좋은 내용입니다. 세상은 강하나 내 안에 계신 하나님은 더 강하기에 우리는 위대한 신앙의 역사를 써 내려갈 수 있을 것 같습니다. 그런데 문제는 이것이 증인의 삶의 전부가 아니라는 점입니다. 7절은 충격적인 반전입니다.

> 그들이 그 증언을 마칠 때에 무저갱으로부터 올라오는 짐승이 그들과 더불어 전쟁을 일으켜 그들을 이기고 그들을 죽일 터인즉

사탄의 세력이 두 증인을 죽인답니다. 앞 구절까지만 해도 그 입의 불로 그들을 해하려던 모든 것을 태운다던 두 증인이 지금 사탄을 상징하는 짐승의 손에 죽는답니다. 이건 도대체 무슨 일입니까? 하나님의 권세와 능력이 있는데 어떻게 마귀의 세력에게 죽을 수 있단 말입니까? 7절을 보시면 힌트를 찾을 수 있습니다. "그 증언을 마칠 때"입니다. 두 증인은 이 땅에서 자신의 사명인 증언을 다 했습니다. 그들은 자신에게 맡겨진 회개의 복음을 전하는 일을 마쳤습니다. 증인의 사명이 끝나는 날이었습니다. 그런데 이런 상황에서 하나님은 우리 생각과 다르게 일하십니다. 영광스러운 사명을 감당하고 잘 마쳤다면, 우리는 하나님이 두 증인에게 상을 주시리라고 생각합니다. 그런데 그들을 기다리는 것은 상이 아니었습니다. 그들에게 남은 것은 사탄을 상징하는 짐승의 무자비한 공격이었고, 그 공격에 의해 죽는 것이었습니다.

본문의 8-10절을 보면, 두 증인의 죽음은 참으로 비참합니다.

> 그들의 시체가 큰 성 길에 있으리니 그 성은 영적으로 하면 소돔이라고도 하고 애굽이라고도 하니 곧 그들의 주께서 십자가에 못 박히신 곳이라 백성들과 족속과 방언과 나라 중에서 사람들이 그 시체를 사흘 반 동안을 보며 무덤에 장사하지 못하게 하리로다 이 두 선지자가 땅에 사는 자들을 괴롭게 한 고로 땅에 사는 자들이 그들의 죽음을 즐거워하고 기뻐하여 서로 예물을 보내리라 하더라

그들은 짐승에 의해 죽임 당합니다. 그들의 시체는 큰 성의 길에 놓여 있습니다. 아무도 그들의 시체를 수습하지 않습니다. 사람들은

그들의 시체를 3일 반 동안 길 위에서 썩도록 내버려 둡니다. 10절에 보면 이제 두 증인의 시신을 놓고 세상에서 축제가 일어난 것을 볼 수 있습니다. 땅에 사는 자들이 즐거워하고 기뻐하여 서로 예물을 보냅니다. 땅에 사는 자들은 이제껏 두 증인 때문에 괴로웠기 때문입니다. 두 증인의 주검은 그렇게 세상으로부터 조롱거리가 되며, 세상은 그들의 죽음 앞에서 춤추고 환호하고 웃으며 즐거워하고 있습니다.

여러분, 우리는 하나님께 질문해야 합니다. 도대체 이 두 증인을 왜 이렇게 하셨냐고 말입니다. 마치 하나님께서 자신이 필요할 때는 권세와 능력을 주셔서 보호하시다가 더 이상 필요가 없어지니까 그 권세와 능력을 거두신 것처럼 보이지 않으십니까? 이 땅에서 주를 위해 수고했는데 그래도 노후에는 좀 쉬다가 세상이 주는 유익 속에서 편하게 죽어도 되지 않겠습니까? 하나님이 너무 가혹하다고 느껴지지 않습니까? 끝까지 주의 복음을 전했는데 결국 경기장에 끌려가 죽었습니다. 그러면 적어도 시신은 제대로 거두어서 양지 바른 언덕에 묻어 줘야 하는 것 아닙니까? 우리는 이 비참한 상황을 어떻게 해석해야 할까요?

저는 이 말씀이 두렵습니다. '하나님께서 정말 이렇게 하신다면 어쩌나?' 하는 두려움이 생깁니다. 주님을 위해 최선을 다했는데 내 삶의 끝이 이렇다면 어떨까요? 그러나 이 편지를 최초로 읽는 소아시아 초대 일곱 교회는 우리가 느끼는 것과 비교할 수 없는 현실적인 두려움을 경험했을 것입니다. 이들의 삶에서 실제로 일어나는 일들이기 때문입니다. 로마의 밤거리를 밝히는 인간 촛대를 상상해 보십시오. 기름 먹인 밧줄로 사람을 칭칭 말아 그 머리 위에 심지를 만들어 거리의 가로등으로 만들었습니다. 그들은 거리에 방치되었고 사람들은 그들 사이를 지나며 조롱했습니다. 두 증인의 이야기는 바로 초대 교회 성도들의 이야기입니다. 어느 자리가 참된 성도가 있어야 할 자리일까요? 8절입니다.

> 그들의 시체가 큰 성 길에 있으리니 그 성은 영적으로 하면 소돔이라고도 하고 애굽이라고도 하니 곧 그들의 주께서 십자가에 못 박히신 곳이라

두 증인의 시체가 버려진 곳은 큰 성 길이었습니다. 그런데 그 큰 성 길을 요한은 "그들의 주께서 십자가에 못 박히신 곳"이라고 부연합니다. 즉 예수님이 십자가에서 죽으셨다는 것을 상기하며, 두 증인이 주께서 죽으신 자리에서 죽는 것으로 그들의 사역을 마무리했다고 밝힙니다. 우리가 듣고 부르는 가스펠 "예수 닮기를"이라는 곡은 예수님을 닮으려면 그분이 계셨던 곳에 있어야 한다고 표현합니다. 이처럼 예수님은 십자가를 그분 사역의 마지막 장소로 삼으셨고, 두 증인으로 대표되는 교회와 성도도 이 땅의 모든 사역의 마무리로 십자가에 달릴 것이라 말씀하십니다. 결국 성도가 서야 할 자리는 사람들이 우러러 보고 부러워하는 높고 빛나는 자리가 아니라 예수님이 계신 자리, 곧 십자가입니다. 우리가 참된 성도라면 우리 역시 주님이 달리신 십자가의 자리에 서야 합니다.

오늘날에는 십자가를 2,000년 전에 끝나 버린 이야기로 여길 때가 많습니다. "예수님은 십자가에서 모두 다 이루셨다. 인간의 모든 고통과 아픔과 상처를 해결하셨다. 그분이 우리가 맞아야 할 매를

다 맞으셨다. 그분께서 다 맞으셨고 흘리셨기 때문에, 이제 내가 흘려야 하는 눈물이나 땀이나 피는 없다. 모든 저주는 예수님이 다 받으셨고, 이제 남은 것은 예수님 때문에 받는 축복뿐이다"라고 말입니다. 그래서 '긍정의 힘' 시리즈가 계속 나오는 것입니다. 예수님이 부정적인 모든 것을 다 가져가셨기에 이제 우리는 항상 긍정하며 좋은 것만 누리면 된다고 가르칩니다. 요즘에 인기 있는 메시지입니다. 사람들은 이런 메시지를 들으면 기분이 좋아집니다. 이런 말씀을 듣고 부담을 느끼거나 힘들어 하는 사람은 없습니다. 우리가 듣고 싶은 얘기를 성경에 있는 구절들을 근거로 삼아 들려주기 때문입니다. 우리의 본성과 전혀 다를 것 없는 긍정적 메시지입니다.

그러나 성경은 다르게 말합니다. 두 증인으로 상징되는 교회와 성도는 이 땅에서 사는 동안 반드시 예수님이 달리신 십자가의 자리에서 죽어야 합니다. 예수님께서 우리의 모든 죄의 결과인 고통과 죽음을 담당하셨습니다. 죄인인 우리가 구원받았습니다. 이제 우리는 거룩한 백성, 즉 성도가 되었습니다. 성도는 죄인인 인생들을 향해 그리스도께서 우리에게 하신 일과 '회개의 복음'을 전해야 하는 증인입니다. 이 증인의 길은 결코 편하거나 쉽지 않습니다. 그리스도의 증인으로서 이 땅을 산다는 것은 주님이 가신 길을 따라 걷는 것이고, 주께서 달리신 십자가의 자리에 나도 달려 죽는 것이기 때문입니다.

성도의 죽음에 대한 하나님의 반응, 살리심

두 증인은 '회개의 복음'을 전하다 죽었습니다. 그들의 시체는 예수님께서 계셨던 십자가의 자리에 방치되었습니다. 그들의 죽음 앞에서 세상은 즐거워합니다. 성도는 죽었고 그들의 시체는 썩어 가고, 성도를 공격했던 자들은 그 시체들 앞에서 잔치하고 있습니다. 세상이 성도를 이긴 것 같습니다. 이것이 주님을 따라 사는 성도와 교회가 경험하는 고통입니다. 그러나 우리는 이 이야기가 여기서 끝나지 않는다는 것을 압니다. 예수님께서 이 일에 관하여 말씀하신 적 있습니다. 그리고 그분이 친히 첫 증인이 되셔서 우리에게 보이셨습니다. 그것이 무엇입니까? 부활입니다.

> 삼 일 반 후에 하나님께로부터 생기가 그들 속에 들어가매 그들이 발로 일어서니 구경하는 자들이 크게 두려워하더라 하늘로부터 큰 음성이 있어 이리로 올라오라 함을 그들이 듣고 구름을 타고 하늘로 올라가니 그들의 원수들도 구경하더라 그때에 큰 지진이 나서 성 십분의 일이 무너지고 지진에 죽은 사람이 칠천이라 그 남은 자들이 두려워하여 영광을 하늘의 하나님께 돌리더라(11-13절)

3일 반이라는 시간이 지났습니다. 그때 시신 속에 생기가 들어갑니다. 그리고 시체들이 자리에서 일어납니다. 그리고 두 증인의 시신 앞에서 기쁨으로 선물을 교환하며 축제를 벌이던 이들이 부활한 그들을 보고 큰 두려움에 사로잡힙니다. 두 증인은 모든 사람이 지켜보는 가운데 구름을 타고 하늘로 올라갑니다. 그들이 올라가는 그때, 큰 지진이 납니다. 그리고 지진에 죽고 땅에서 남은 자들이 그 모습을 보고 다 함께 하나님께 영광을 돌립니다. 여러분, 이것이 참된 증인의 삶을 사는 성도와 교회에 주시는 하나님의 권세요, 부활입니다. 성도는 세상에게 맞아 죽은 것 같았습니다. 철저하게 망한 것 같았습니다. 그런데 망하고 죽은 것 같은 자리, 더 이상 아무런 소망이 없을 것 같은 자리에서 주님이 일으키십니다. 하나님께서 죽은 것 같았던 우리를 무덤에서 일으키십니다. 하나님이 아니면 만들 수 없는 역사가 성도의 삶에 나타납니다. 순교자들의 피가 뿌려진 자리마다 교회가 세워집니다. 주를 위해 망한 자들의 모임 위에 천 년 또 천 년을 살아갈 견고한 하나님의 교회가 세워집니다. 죽은 자들이 자신들을 죽인 자들의 눈앞에서 다시 살아나 핍박했던 자들마저 주께로 돌아옵니다. 우리는 부활을 다 이해할 수 없습니다. 그러나 우리는 이 부활을 믿습니다. 주님이 걸으신 길이고, 우리가 걸어야 할 길이기 때문입니다.

성도 여러분, 이 이야기는 대단히 중요합니다. 세상이 하나님을 찬양하게 되는 유일한 이야기이기 때문입니다. 하나님께서 세상을 수많은 재앙으로 치셨음에도 불구하고 세상은 회개하고 돌이켜 하나님께 영광을 돌리지 않았습니다. 맞으면 맞을수록 더 마음이 딱딱해졌습니다. 그들은 그 어떤 재앙 앞에서도 자신의 죄를 회개하여 돌이키는 법이 없었습니다. 그런데 교회를 상징하는 두 증인이 죽었다가 다시 살아나는 장면에서 그들은 반응했습니다. 하나님을 두려워하며 그분께 영광을 돌리는 일이 일어난 것입니다. 하나님께 매를 맞으면서도 회개하지 않던 세상이, 성도의 죽음과 부활 앞에서 회개하며 주께로 나왔습니다. 두 증인의 죽음과 부활을 통해 세상이 회개하여 돌아오는 역사가 일어났습니다. 계시록은 오직 성도의 죽음과 부활만이 세상을 변화시킬 수 있다고 강력하게 선언하고 있습니다.

이 땅에서 성도로 산다는 것

저는 성도가 허다한 무리 중에 하나가 아니라 하나님의 택하신 증인이라고 여깁니다. 말씀을 먹은 두 증인이 겪었던 삶과 죽음과 부활을 소망하고 사는 성도가 되시기를 바랍니다. 우리는 척박한 상황 속에서 회개의 복음을 전하는 사람이 될 것입니다. 우리를 공격하는 세상과 사탄을 주께서 주시는 권능으로 이겨 낼 것입니다. 또한 그로 하여금 세상이 하나님께 영광을 돌리도록 할 것입니다. 그 과정에서 때로 하나님은 성도가 죽는 것을 허락하십니다. 또한 힘든 일을 경험하기도 합니다. 하나님의 도우심이 전혀 느껴지지 않고, 거대한 세상에 눌려 신음하고 탄식하며 죽을 것 같은 경험을 할 것입니다. 계시록의 표현대로 주께서 죽으신 십자가의 자리에서 죽는 것입니다. 그러나 여러분, 너무 낙심하지 마십시오. 거기가 끝이 아닙니다. 그 자리에 주께서 찾아오십니다.

우리가 죽은 것 같은 십자가의 자리에 주께서 부활의 권능을 가지고 임하실 것입니다. 그때 상하고 마르고 죽은 것 같은 우리에게 에스겔 골짜기의 마른 뼈를 살리신 성령께서 임하실 것입니다. 부활의 권능이 죽은 것 같았던 우리를 살립니다. 우리는 세상 가운데서 살아날 것이며, 죽어도 사는 성도의 신비를 세상에 보일 것입니다. 세상은 그런 우리를 볼 것입니다. 도무지 일어날 수 없었던 우리가 일어나는 것을 보며, 세상은 하나님의 살아 계심을 깨달을 것입니다. 그 앞에 두려워 떨며 능력의 하나님께 영광을 돌릴 것입니다. 계시록 11장에 있는 이 두 증인과 같은 삶과 죽음으로, 부활의 주님을 경험하고, 세상에 부활의 주님을 드러낼 수 있는 성도가 되시기를 바랍니다.

8장

죽으면 죽으리라

[1]내가 보니 바다에서 한 짐승이 나오는데 뿔이 열이요 머리가
일곱이라 그 뿔에는 열 왕관이 있고 그 머리들에는 신성모독
하는 이름들이 있더라 [2]내가 본 짐승은 표범과 비슷하고 그 발
은 곰의 발 같고 그 입은 사자의 입 같은데 용이 자기의 능력과
보좌와 큰 권세를 그에게 주었더라 [3]그의 머리 하나가 상하여
죽게 된 것 같더니 그 죽게 되었던 상처가 나으매 온 땅이 놀
랍게 여겨 짐승을 따르고 [4]용이 짐승에게 권세를 주므로 용에
게 경배하며 짐승에게 경배하여 이르되 누가 이 짐승과 같으냐
누가 능히 이와 더불어 싸우리요 하더라 [5]또 짐승이 과장되고
신성모독을 말하는 입을 받고 또 마흔두 달 동안 일할 권세를
받으니라 [6]짐승이 입을 벌려 하나님을 향하여 비방하되 그의
이름과 그의 장막 곧 하늘에 사는 자들을 비방하더라 [7]또 권세
를 받아 성도들과 싸워 이기게 되고 각 족속과 백성과 방언과
나라를 다스리는 권세를 받으니 [8]죽임을 당한 어린양의 생명책

에 창세 이후로 이름이 기록되지 못하고 이 땅에 사는 자들은
다 그 짐승에게 경배하리라 9누구든지 귀가 있거든 들을지어
다 10사로잡힐 자는 사로잡혀 갈 것이요 칼에 죽을 자는 마땅히
칼에 죽을 것이니 성도들의 인내와 믿음이 여기 있느니라

요한계시록 13장 1-10절

이번 장(8장 죽으면 죽으리라)은 계시록에서 가장 중요한 부분 중 하나인 영적 전쟁과 관련된 내용입니다. 사탄의 세력이 어떠한 방법으로 교회를 무너뜨리려 하는지, 또 이 땅의 교회가 영적 전쟁에서 어떻게 승리할 수 있을지를 살펴보려 합니다. 계시록 13장에는 큰 용, 곧 옛 뱀인 사탄의 명령을 받고 올라오는 두 짐승이 나옵니다. 하나는 바다에서 나온 짐승이고, 다른 하나는 땅에서 올라온 짐승입니다. 그리고 마지막에는 땅에서 올라온 짐승을 숭배하는 거짓 선지자들이 있습니다. 하나하나 살펴보도록 하겠습니다.

바다에서 올라온 짐승

계시록 12장 마지막 절인 17절을 보면, 여자를 해치는 데 실패한 용이 분노합니다.

용이 여자에게 분노하여 돌아가서 그 여자의 남은 자손 곧 하나님의

계명을 지키며 예수의 증거를 가진 자들과 더불어 싸우려고 바다 모래 위에 서 있더라(12:17)

교회를 상징하는 여자를 상하게 할 수 없다는 것을 안 용은 자기가 직접 여자를 공격하는 것보다 자기 부하를 보내서 교회에 속한 각 성도를 공격하는 게 낫겠다고 판단합니다. 음부의 권세가 반석 위에 세워진 교회를 무너뜨릴 수 없다는 것을 안 사탄이 교회 전체(보편 교회)를 자신이 직접 공격하기보다는 개별 교회와 각 성도들을 공격하는 전략으로 바꾼 것입니다. 그래서 사탄은 교회 자체를 공격하기보다 교회 안에 있는 성도들을 공격하기 위해 바다에서 한 짐승을 불러냅니다. 13장 1-4절입니다.

내가 보니 바다에서 한 짐승이 나오는데 뿔이 열이요 머리가 일곱이라 그 뿔에는 열 왕관이 있고 그 머리들에는 신성모독 하는 이름들이 있더라 내가 본 짐승은 표범과 비슷하고 그 발은 곰의 발 같고 그 입은 사자의 입 같은데 용이 자기의 능력과 보좌와 큰 권세를 그에게 주었더라 그의 머리 하나가 상하여 죽게 된 것 같더니 그 죽게 되었던 상처가 나으매 온 땅이 놀랍게 여겨 짐승을 따르고 용이 짐승에게 권세를 주므로 용에게 경배하며 짐승에게 경배하여 이르되 누가 이 짐승과 같으냐 누가 능히 이와 더불어 싸우리요 하더라

바다에서 한 짐승이 올라옵니다. 일단 머리의 개수와 모양부터 독특합니다. 뿔이 열 개나 있고 머리가 일곱 개입니다. 그 머리들 하나 하나에는 하나님을 모욕하는 이름들이 있습니다. 겉으로 보이는 그

짐승의 모습은, 몸은 표범의 몸 같고 발은 곰의 발 같으며 입은 사자의 입 같습니다. 큰 용은 자신의 능력과 보좌와 큰 권세를 그 짐승에게 줍니다. 요한은 그 짐승과 관련된 에피소드 하나를 소개합니다. 이 짐승의 일곱 머리 중 하나가 상하여 죽게 되었다가 기적적으로 상처가 나아 살아난 적이 있다는 내용입니다. 사람들(온 땅)은 상하여 죽게 되었던 머리가 다시 살아나는 기적을 보고서 이 짐승을 믿고 따르게 되었습니다. 용은 바다 짐승에게 더 큰 능력을 주었고 바다 짐승은 더 강해졌습니다. 세상은 용과 용의 능력을 받은 짐승을 경배하며 "누가 이 짐승과 같으냐 누가 능히 이와 더불어 싸우리요"(4절)라고 외쳤습니다. 아무도 이 짐승과 싸울 만한 힘을 가진 존재가 없다는 것입니다.

여러분, 이 바다 짐승은 우리에게 무엇을 보여 주는 걸까요? 과연 이 특이하고 강력한 힘을 가진 짐승을 통해 우리가 무엇을 생각해야 할까요? 우리는 이 본문을 보면서 괴이한 짐승이 실제로 바다에서 나와 사람들을 공격할 것이라고 생각하지 않습니다. 그러나 어떤 이들은 이 짐승이 실제로 현실에 있다고 생각합니다. 그것이 어떤 짐승일지 상상의 나래를 폅니다. 저는 너무 성급하게 그런 상상을 하지 않았으면 합니다. 물론 성경을 읽으면서 상상력이 필요한 부분도 있습니다. 그러나 상상하기 전에 해야 할 것은 성경에서 이 부분에 대해 해석할 수 있는 다른 근거가 있는지 찾는 것입니다. 바다에서 나온 이 짐승도 그렇습니다. 이 짐승은 계시록에 처음 등장하는 짐승이 아닙니다. 이미 다니엘서에 등장한 적 있습니다.

내가 밤 환상 가운데에 그 다음에 본 넷째 짐승은 무섭고 놀라우며

> 또 매우 강하며 또 쇠로 된 큰 이가 있어서 먹고 부서뜨리고 그 나머지를 발로 밟았으며 이 짐승은 전의 모든 짐승과 다르고 또 열 뿔이 있더라(단 7:7)

다니엘 7장에서 선지자는 바다에서 올라오는 짐승 넷을 봅니다. 첫째는 사자, 둘째는 곰, 셋째는 표범, 넷째는 앞의 세 종류 바다 짐승들과 비교할 수 없을 만큼 무섭고 놀라운 모습의 짐승이었습니다. 계시록에서 요한이 본 바다 짐승과 관련된 환상은, 다니엘이 봤던 환상과 많이 비슷합니다. 학자들은 이 두 환상 속 짐승이 같은 짐승을 지칭하는 다른 표현이라고도 설명합니다. 그렇다면 이 짐승은 무엇을 의미할까요? 우리가 애써 답을 찾으려 하지 않아도 됩니다. 다니엘이 이미 이 짐승이 무엇인지를 말하고 있기 때문입니다.

> 내가 그 곁에 모셔 선 자들 중 하나에게 나아가서 이 모든 일의 진상을 물으매 그가 내게 말하여 그 일의 해석을 알려 주며 이르되 그 네 큰 짐승은 세상에 일어날 네 왕이라(단 7:16-17)

다니엘이 환상을 보고 "이 모든 일의 진상이 뭡니까?"라고 천사에게 물었더니, 천사가 "세상에 일어날 네 왕이[다]"라고 말합니다. 이 짐승이 상징하는 것은 이후에 거대한 제국들, 바벨론과 페르시아와 헬라와 로마라는 나라들이 차례로 등장해서 패권을 다툴 것이라는 예언이었습니다. 그렇다면, 이 거대한 제국들의 공통점은 무엇일까요? 우리는 이 제국들에 대하여 수많은 이야기를 할 수 있습니다. 그러나 성경은 네 제국의 공통점에 집중합니다. 하나님의 이름을 믿는 성도를 내버려 두지 않는다는 점입니다.

바다 짐승의 외적인 특징은 이 제국들이 가진 공통점이 뭔지를 보여 줍니다. 짐승(제국)은 당시 악과 혼돈의 출처라고 여기던 바다에서 나왔고, 일곱 머리에는 하나님을 모욕하는 이름들이 있었습니다. 짐승은 모든 방법과 힘을 다해 하나님의 백성들을 핍박해서 이 땅에서 성도와 교회를 지워 버리려 합니다. 제국을 상징하는 이 짐승은 왜 하나님의 교회와 성도를 멸망시키려는 걸까요? 제국은 '인간 힘의 결정판'이기 때문입니다.

제국은 인간이 만들 수 있는 가장 강력한 힘입니다. 큰 힘과 능력을 소유하게 된 인간은 늘 그 힘을 가지고 창조주 하나님과 겨루고 싶어 했습니다. 하나님의 통치를 받기보다 그들이 가진 힘과 능력으로 하나님을 이기려 했습니다. 제국은 강력했습니다. 특히 초대 교회 성도들이 살아야 했던 로마 제국은 그러한 제국들 중에서도 가장 강력했습니다. 로마는 문화나 건축이나 예술이나 군사력에 있어서 과거 어떤 제국과 비교할 수 없을 만큼 강력했습니다. 단지 무력만이 아니라 사람들의 정신까지 하나로 통합할 만큼 그 영향력이 이전 제국들과 비교할 수 없었습니다. 헬라의 신들을 받아들여 자신들의 신으로 만들었습니다. 거대한 제국을 효율적으로 통치하기 위해 어마어마한 도로를 놓았고, 인간이 가진 지혜를 모으기 위해 대형 도서관들을 건축하여 장서를 구비했습니다. 큰 규모의 공연장과 경기장을 만들어 사람들이 함께 모여 무언가를 도모할 수 있도록 했습니다. 헬라어를 공용어로 만들었고 우편 제도를 만들어 엄청난 속도로 지식이 전파되도록 했습니다. 로마 제국은 '세상 힘의 결정체'였습니다.

또한 이 짐승은 강력할 뿐 아니라 교활합니다. 3절에 보면 그 짐승이 죽은 것 같았다가 살아나는 장면이 있습니다.

> 그의 머리 하나가 상하여 죽게 된 것 같더니 그 죽게 되었던 상처가 나으매 온 땅이 놀랍게 여겨 짐승을 따르고

이는 죽임 당한 하나님의 어린양이신 예수님을 모방하여 사람들의 마음을 빼앗은 것을 의미합니다. 이 짐승은 강력한 힘으로 세상에서 자기와 맞서 싸울 수 있는 존재가 없다는 것을 과시하여 사람들의 마음을 현혹합니다. 바다 짐승은 왜 나타났습니까? 이 땅의 교회와 성도들이 믿음의 길에 서지 못하게 하기 위해서였습니다. 그렇다면 로마 제국을 상징하는 이 바다 짐승은 오늘날 우리에게는 무엇을 의미할까요? 교회가 교회답게, 성도가 성도답게 살지 못하게 만드는 세상의 모든 힘과 권세입니다.

바다 짐승이 하는 일

이 바다 짐승은 큰소리로 하나님을 모욕합니다. 이 짐승은 땅에서 많은 성도와 싸웠고 그들을 이겼다고 합니다.

> 또 짐승이 과장되고 신성모독을 말하는 입을 받고 또 마흔두 달 동안 일할 권세를 받으니라 짐승이 입을 벌려 하나님을 향하여 비방하되 그의 이름과 그의 장막 곧 하늘에 사는 자들을 비방하더라 또 권세를 받아 성도들과 싸워 이기게 되고 각 족속과 백성과 방언과 나라를 다스리는 권세를 받으니(5-7절)

성도는 바다 짐승의 힘과 말과 권세에 눌렸고 심지어 죽는 이들도 있었습니다. 세상의 힘과 폭력이 교회를 공격했고, 교회와 성도는 그 공격으로 마치 죽을 것 같았습니다. 세상의 폭력에 교회는 허물어졌습니다. 제국은 큰소리로 하나님을 모욕했고, 그분의 성전을 파괴했습니다. 순교한 이들의 시체를 개의 먹이로 주어 죽은 형제자매들을 모욕했습니다. 이 모든 과정에서 수많은 성도가 로마 제국의 힘에 배교를 선택했습니다. 제국이 성도를 이기는 것같이 보였습니다. 이 편지를 읽는 성도들은 자신들의 비참한 처지와 바다 짐승 같은 제국에게 죽임당한 이들의 얼굴을 떠올리며 이 편지를 읽고 있습니다.

이제 우리는 바다 짐승의 공격이 오늘날 우리에게는 어떻게 다가오는지 물어야 합니다. 오늘날에도 세상의 힘을 가지고 폭력으로 성도의 신앙을 공격하는 자들이 있습니다. 당연히 순교자가 많이 나옵니다. 현재 대한민국은 기독교 신앙에 대해 국가가 폭력을 행사하지 않지만 지금도 세계 곳곳에는 그렇지 않은 나라가 많이 있습니다. 지금은 고인이 된 세계기독교백과 편집자인 데이비드 바레트가 진행한 조사에 따르면, 예수님 초림 이후에 2,000년 동안 기독교도라는 이유로 7천만 명이 순교했다고 합니다(크리스천투데이 2014년 7월 4일). 그렇다면, 우리나라는 어느 정도일까요? 복음이 우리나라에 200년 전에 들어왔다고 할 때, 남한과 북한을 합하여 기독교인이라는 이유로 순교한 사람들이 족히 20만 명 정도라고 주장하는 학자도 있습니다. 세상이 폭력으로 성도를 공격하고 죽이는 일은 기독교 역사 속에서 늘 있었고, 지금도 우리가 잘 알지 못하는 곳에서 여전히 일어나고 있습니다.

그런데 여러분, 우리의 생명을 빼앗는 핍박보다 더 강력하고 심각한 것이 있습니다. 그것은 성도의 육신을 죽이는 것이 아니라 성도의 영혼을 공격하여, 우리가 마땅히 경배해야 할 분을 바꾸는 것입니다. 예배는 드리게 하되 예배의 온전한 대상이신 삼위 하나님이 있어야 할 자리에 다른 것을 세웁니다. 바다 짐승은 죽임을 당한 것 같은 어린양을 모방했습니다. 그리고 거짓에 속은 이들에게 새로운 예배 대상을 제시했습니다. 어린양과 어린양의 길을 따라야 할 이들에게 큰 용과 큰 용의 길을 제시한 겁니다. 주의 길이 아니라 제국의 길을 따르도록 사람들을 미혹시킨 것이지요.

강력한 힘으로 이 땅에 있는 교회를 짓밟는 바다 짐승은 자신의 힘을 과시합니다. "이 힘이 주는 매력을 경험하라"고 합니다. 그리고 "이 힘을 잡으면 생명이 있다"고 외칩니다. 권력과 돈과 건강만 있으면 우리는 안전하니 이 세상의 힘을 추구하라고 외칩니다. "너희가 믿는 예수는 힘이 없어 매 맞고 십자가에 달려 죽은 자다. 그는 인간을 구원할 힘이 없다. 힘은 황제에게 있고 제국에게 있다. 그러므로 황제와 제국의 힘 앞에 엎드려라"라고 위협합니다.

6절에 그 짐승은 "그의 이름과 그의 장막 곧 하늘에 사는 자들을 비방"합니다. 초대 교회 성도들은 이 이야기를 들으며 순교자들의 시신이 모욕당하는 것을 떠올렸습니다. 믿음으로 싸웠던 이들은 고난과 핍박과 아픔을 견디며 하나님의 뜻과 성령의 인도하심을 따라 사랑하고 희생하며 살았습니다. 그런데 이 짐승은 믿음의 사람들의 삶과 죽음을 무시합니다. 올곧게 신앙생활했던 이들을 향해 고지식하다고 합니다. 그들은 "예수님이 우리의 모든 짐과 멍에와 십자가를 다 지고 가셨으니 더 이상 우리에게 고난은 없다. 이 땅에서 주께서 남겨 주신 영광과 복만 누리면 된다"고 합니다. 십자가 없이 영광으로 들어가는 길이 있는데, 아직도 그 길을 모르느냐고 핀잔합니다.

양화진은 한국에 들어와 복음을 전하다 순교한 외국인 선교사와 그 가족들이 안치된 묘역입니다. 거기에는 무덤이 많습니다. 무덤에 세워진 묘비에는 선교사들의 헌신의 약사가 기록되어 있습니다. 그들 중에는 풍토병으로 사역을 짧게 하고 순교한 자도 많습니다. 그런데 양화진에서 가장 가슴 아픈 곳은 한 켠에 작은 묘비들로 가득한 구역입니다. 그곳에는 태어난 지 얼마 되지 않아 죽은 선교사 자녀들이 묻혀 있습니다. 바다 짐승이 이 묘비 앞에서 뭐라고 할까요? 그렇게 한국 땅에 와서 죽은 인간들, 복음을 위해 자신의 안녕을 포기한 삶, 그리고 적절한 의료 혜택조차 받지 못하고 이국 땅에서 죽어 가는 자기 자녀들을 보고 있을 수밖에 없었던 이들을 비웃을 것입니다. 너희는 사서 개고생을 한 거라고 비웃을 것입니다. 너희 자녀들은 아무 짝에도 쓸모없는 일을 위해 불필요한 죽음을 맞이했고, 인생을 허비한 것이라 비아냥거릴 겁니다. 이것이 바로 순교자를 비방하는 짐승의 목소리입니다.

누군가는 "죽은 자들을 비방한다고 해서 그게 비방이 될 수 있느냐?"고 물을지 모릅니다. 그러나 우리는 순교자의 죽음을 비방하고 무시하고 있습니다. 물론 대놓고 순교자를 비난하는 말을 하지는 않습니다. 대부분 순교자들의 이야기를 나누며 감동을 받고, 그들의 수고에 감사하며, 때로는 그들을 위한 다큐멘터리를 만들어 위대한 헌신을 기립니다. 그러나 우리는 순교자들을 향해 엄청난 존경을 드러내면서 동시에 순교자들을 무시합니다. 순교자들이 걸었던 길을 가지 않음으로써 그렇게 합니다. 순종과 헌신과 사랑의 길을 가지 않음으로써 그렇게 합니다. 자기를 희생하여 남을 살리는 길에 서지 않습니다. 내 이익과 가족의 안녕을 위해 내 것을 챙기며 세상에서 살아갑니다. 남들은 괜찮다고 합니다. 그게 세상을 지혜롭게 사는 거라고 합니다. 그런데 우리는 오직 자기를 위해 사는 방식으로 순교자들의 사랑과 희생의 삶과 죽음을 아무 의미 없는 것으로 짓밟아 버립니다. 우리가 이제껏 걸었던 걸음이 어떤 걸음이었는지 스스로 물어야 합니다.

바다 짐승을 따르는 자와 대적하는 자

짐승은 강력했습니다. 그는 능력이 있고 교묘했습니다. 그는 외부적으로 교회를 강력하게 파괴하는 동시에 내부적으로 교회로 들어와 성도의 중심을 흔들었습니다. 많은 이들이 바다 짐승을 좇아 큰 용, 사탄을 경배하게 되었습니다. 8-9절은 그 짐승을 따르는 자가 누구인지 기록한 것입니다.

> 죽임을 당한 어린양의 생명책에 창세 이후로 이름이 기록되지 못하고 이 땅에 사는 자들은 다 그 짐승에게 경배하리라 누구든지 귀가 있거든 들을지어다

개인이나 공동체가 가진 힘과 지혜로는 도무지 이 짐승의 힘과 속임수를 이겨 낼 수 없었습니다. 모두가 무릎을 꿇게 되었습니다. 그런데 그 강력한 짐승의 힘 앞에 무릎 꿇어 절하지 않는 자들이 있었습니다. 그들은 하나님의 생명책에 이름이 기록된 자들입니다. 생명책에 이름이 기록된 자들은 바다 짐승의 폭력을 견뎠습니다.

성경은 세상 사람을 정확하게 둘로 나눕니다. 생명책에 이름이 기록된 자와 이름이 없는 자입니다. 생명책에 이름이 없는 자는 그가 어떤 삶을 살았든지 결국에는 바다 짐승의 힘 앞에서 큰 용을 경배하는 자가 될 수밖에 없습니다. 이를 조직 신학에서는 '예정과 선택'이라고 합니다. 하나님께서 택하신 자, 창세전에 그 이름을 기록한 자만이 사탄의 공격에서 자기 믿음을 지킬 수 있다고 합니다. 이것이 얼마나 이상한 논리입니까? 하나님께서 이름을 기록하신 자들이 따로 있고, 생명책에 이름이 적힌 자만 사탄의 공격을 견딜 수 있다니요? 하나님이 너무하신 것 아닌가요? 예수님을 믿지는 않으나 착하고 인격이 훌륭한 사람이 얼마나 많은데, 그런 사람들까지 다 '큰 용을 경배하는 자'라고 하는 건 너무 과하지 않나요? 그런데 이러한 구분은 성경에서 일관되게 나타납니다.

> 그는 허물과 죄로 죽었던 너희를 살리셨도다 그때에 너희는 그 가운데서 행하여 이 세상 풍조를 따르고 공중의 권세 잡은 자를 따랐으니 곧 지금 불순종의 아들들 가운데서 역사하는 영이라(엡 2:1-2)

그리스도가 없는 인간들에 대한 설명입니다. 인간은 본래 허물과 죄로 죽었던 존재입니다. 그리스도 안에 있지 않은 모든 인간은 세상의 풍조를 따르고 사탄, 즉 불순종의 아들들 가운데 역사하는 영의 명령을 받아 살아가는 존재들입니다. 계시록은 이를 조금 다르게 표현하고 있습니다. '하나님의 생명책에 기록되지 않은 사람'은 결코 제국(세상)의 힘을 두려워하고, 그가 하는 달콤한 유혹에 넘어갈 수밖에 없다고 합니다. 인간의 본성이 드러나는 방식은 다양할 수 있지만 근본은 전혀 다르지 않습니다. 어떤 사람도 '세상의 힘, 돈의 힘, 권력의 힘' 앞에 자유로울 수 없습니다. 누가 돈이 주는 유혹을 이길 수 있으며, 권력이 주는 든든함을 포기할 수 있단 말입니까? 세상의 힘은 너무나 강력할 뿐 아니라 매력적입니다. 하나님의 생명책에 이름이 기록된 인생이 아니고서는 절대로 바다 짐승의 유혹을 이길 수 없습니다. 유일하게 바다 짐승에게 절하지 않는 자들은 창세전에 택함을 받은 성도들입니다. 오직 택함을 받은 사람들만이 세상의 소리 속에서도 하나님의 세미한 음성을 들 수 있습니다(9절). 예정 이야기를 할 때마다 마음이 불편한 사람이 있습니다. 하나님께서 누구는 예정하고 누구는 예정하지 않았다는 것은 너무 불공평하다고 생각합니다. 그런데 예정을 절대로 그런 관점으로 보시면 안 됩니다. 예정과 관련해서 일단 계시록의 첫 독자인 초대 교회 성도들에게 적용해 보겠습니다. 그때라야 예정이 성도의 삶에 왜 필요한 것인지를 알 수 있기 때문입니다.

초대 교회 성도들은 대부분 이미 주님으로 인한 고난을 당하고 있습니다. 그들의 현재 상황은 너무도 비참합니다. 수많은 형제자매들이 잡혀가서 고문 받다 죽는 것을 듣기도 하고 보기도 했습니다. 예수를 믿는다는 이유만으로 너무나 끔찍한 일을 당할 수 있다는 것을 날마다 경험합니다. 거대한 세상의 힘에 밟혀 죽어 가는 형국이었습니다. 이렇게 위태한 상황에서 예배하겠다고 모였습니다. 백번은 더 배교할 상황인데도 배교하지 않는 자신들을 발견합니다. 성도 자신도 이해가 되지 않습니다. 자신들이 어떻게 믿음을 지킬 수 있는지 도무지 모릅니다. 속히 오시겠다던 주님은 오시지 않습니다. 예수님을 믿는다고 해서 일상이 나아지는 것도 없고, 앞으로도 나아질 것 같지 않습니다. 그럼에도 불구하고 여전히 예수님을 사랑하는 마음이 사라지지 않습니다. 예수님을 예배하고 싶은 열망이 꺼지지 않습니다. 내 생명보다 주님을 향한 사랑이 더 큽니다. 목숨을 걸고 숨을 죽여 주를 찬양합니다. 도대체 이유를 알 수 없어 하나님께 묻습니다. "하나님, 도대체 저는 어떻게 해서 이 믿음을 지키고 있나요? 어떻게 이런 상황 속에서 주님을 향한 사랑과 소망이 계속 있을 수 있나요?" 그 질문에 대한 주님의 대답입니다. "그건, 네 이름이 창세전에 나의 생명책에 기록되어 있기 때문이다! 네 힘이 아니라 내가 너를 택했고, 내가 너를 붙들고 있기에 절대로 너를 잃어버리지 않는 거란다."

신앙생활에서 우리가 자랑할 수 있는 것은 아무것도 없습니다. 구원이나 영생이나 믿음도 다 주께서 주신 선물입니다. 되돌아 보면 수많은 위협과 어려움으로부터 도망갈 기회가 있었음에도 불구하고 우리가 말씀의 자리에 있는 것은 우리의 선택과 결정 이전에 하나님이 택하신 결과입니다. 그것을 알기에 우리는 모든 것을 주신 하나님을 찬양하는 겁니다. 그래서 칼빈은 예정과 선택의 교리를 호기심의 교리가 아닌 성도의 감사와 찬양을 위한 교리라고 말했습니다.

사로잡힐 자, 칼에 죽을 자

이제 바다 짐승과 싸웠던 사람들, 주께서 택하신 성도(교회)의 마지막입니다.

> 사로잡힐 자는 사로잡혀 갈 것이요 칼에 죽을 자는 마땅히 칼에 죽을 것이니 성도들의 인내와 믿음이 여기 있느니라(10절)

개역개정 성경에서는 정확하게 이들이 누군지 알 수가 없습니다. 조금 더 원어의 느낌을 살려 번역된 새번역 성경을 보면 "사로잡혀 가기로 되어 있는 사람이면, 사로잡혀 갈 것이요, 칼에 맞아서 죽임을 당하기로 되어 있는 사람이면, 칼에 맞아서 죽임을 당할 것이다"라고 되어 있습니다. 모든 것은 주의 뜻대로 되는데, 주의 뜻이 성도가 사로잡혀 가고 칼에 죽는 것이랍니다. 그렇다면 주께서는 성도가 당하는 고통을 통해 무엇을 보고 싶으셨던 것일까요? "성도들의 인내와 믿음이 여기 있[다]"라고 합니다. 이 일을 통해 이 땅의 성도의 믿음과 인내가 어떤 것인지 확인하시겠다는 말씀입니다. 주님이 이 모든 상황을 보는 주체입니다. 예수님은 사로잡혀 감옥에 있는 성도의 인내를 보실 것이고, 칼에 죽어 가면서도 주를 따르는 성도의 믿음을 보실 것입니다.

어쩌면 이런 부분 때문에 오늘날 목사들이 계시록을 설교하지 않는 것인지 모릅니다. 물론, 낯선 묵시 장르이기에 해석이 어렵습니다. 특별히 구약 선지서들의 배경들을 잘 알아야 바르게 해석할 수 있습니다. 여러 이유 때문에 잘못 해석할 가능성도 많고, 이단들이 계시록을 가지고 자신들의 교리 체계를 만들기 때문에 잘못 설명하거나 가르치는 경우 불필요한 구설수에 오를 수도 있습니다. 그래서 계시록 설교를 듣는 게 쉽지 않을 것입니다. 그러나 제가 생각하기에 계시록을 설교하지 않는 가장 큰 이유는 계시록이 전하는 메시지가 우리의 기대와 다르기 때문입니다. 계시록에서 우리는 고통의 자리에서 성도를 건져 내시는 주님에 대한 이야기보다 고통의 자리에서도 인내와 믿음을 보이라고 주문하시는 주님을 더 자주 만나야 하기 때문입니다.

계시록에 있는 예수님은 누구십니까? 성도들이 잡혀 가고 칼에 죽는 것을 그냥 보시는 분이십니다. 심지어 그 난리통에 성도의 인내와 믿음을 확인하겠다고 말씀하십니다. 우리가 이전에 많이 들었던 "예수 믿으면 만사형통이다. 복 받는다. 잘 풀린다. 유능해진다"라는 메시지와 너무 다릅니다. 늘 듣던 위로와 격려는 아닙니다.

그러나 여러분, 여기에 참 위로가 있습니다. 우리가 사는 세상은 결코 우리에게 우호적이지 않습니다. 계시록의 성도들은 핍박의 현장에 놓여 있고 앞으로도 얼마간 이때를 감내해야 했습니다. 그런 그들에게, "이제부터는 핍박이 없을 것이다. 예수님께서 다 건지실 것이다. 신실한 믿음의 사람은 만사형통할 것이다"라는 약속은 희망 고문이며 종교적 아편에 불과합니다. 성경은 결코 현실을 망각하고 긍정적인 생각을 하라고 처방하는 책이 아닙니다. 주님은 정확하게 현실의 어둠을 이야기하며 그 어둠이 얼마간 유지될 것을 말씀하십니다. 그래서 성도도 세상으로부터 고통 받고 질병에 걸립니다. 어떤 이는 질병에서 기적적으로 낫지만, 다른 이는 급격하게 쇠하여질 것입니다. 신실하고 온전한 믿음의 사람들이 이 땅에서 밟히다가 죽을 수 있습니다.

성도를 향한 주님의 계획

이 장은 성도가 사로잡히고 칼에 죽는다는 이야기로 마무리해야 합니다. 그래서 저는 시편 139편 17-19절을 소개하겠습니다.

> 하나님이여 주의 생각이 내게 어찌 그리 보배로우신지요 그 수가 어찌 그리 많은지요 내가 세려고 할지라도 그 수가 모래보다 많도소이다 내

가 깰 때에도 여전히 주와 함께 있나이다

어느 목사가 이 부분을 이렇게 표현했습니다. “하나님, 당신의 생각은 어찌 그리 깊고 심오한지 모르겠습니다. 제가 도저히 이해하거나 헤아릴 수 없을 만큼 깊고 심오합니다. 그런데 한 가지 확실한 것은 제가 힘이 들어, 잠을 자다가 깨어 보니 그때도 주님은 주무시지 않고 저를 지켜보고 계셨습니다.”

여러분, 우리가 고백하는 하나님은 우리를 위해, 자신의 독생자를 내어 주신 분입니다. 우리는 하나님의 아들의 핏값으로 산 그분의 자녀입니다. 그래서 우리는 그분을 아빠 아버지라고 부릅니다. 그럼, 그분이 우리의 부모가 되셨기 때문에 인생의 모든 문제가 해결되나요? 물론 그렇지는 않습니다. 여전히 우리에게 고통이 있습니다. 병들기도 하고, 경제적 어려움도 겪고, 가정이 깨지기도 합니다. 예수님을 믿어 신앙생활을 잘해도 세상에서 신음합니다. 주님을 뜨겁게 사랑하는 초대 교회 성도들도 그랬습니다.

왜 이런 일들이 일어난 것일까요? 모릅니다. 저는 단지 하나님께서 우리를 그런 상황 가운데 두시는 거라면 뭔가 이유가 있다는 것을 알 뿐입니다. 나는 모르지만 하나님은 뭔가 생각이 있으셔서 나를 그런 상황에 두신 것입니다. 도무지 이해할 수 없지만 하나님은 분명 뭔가 계획을 가지고 있습니다. 그래서 그분의 자녀들은 고통의 시간을 믿음으로 인내하며 견디겠다고 고백합니다. 하나님을 향한 소망으로 참는 것입니다. 힘들어 눈물이 나지만 주께서 하라는 대에 순종하며 사는 겁니다.

9장

짐승의 수를 세어 보아라

[11]내가 보매 또 다른 짐승이 땅에서 올라오니 어린양같이 두 뿔
이 있고 용처럼 말을 하더라 [12]그가 먼저 나온 짐승의 모든 권
세를 그 앞에서 행하고 땅과 땅에 사는 자들을 처음 짐승에게
경배하게 하니 곧 죽게 되었던 상처가 나은 자니라 [13]큰 이적을
행하되 심지어 사람들 앞에서 불이 하늘로부터 땅에 내려오게
하고 [14]짐승 앞에서 받은 바 이적을 행함으로 땅에 거하는 자
들을 미혹하며 땅에 거하는 자들에게 이르기를 칼에 상하였다
가 살아난 짐승을 위하여 우상을 만들라 하더라 [15]그가 권세를
받아 그 짐승의 우상에게 생기를 주어 그 짐승의 우상으로 말
하게 하고 또 짐승의 우상에게 경배하지 아니하는 자는 몇이든
지 다 죽이게 하더라 [16]그가 모든 자 곧 작은 자나 큰 자나 부자
나 가난한 자나 자유인이나 종들에게 그 오른손에나 이마에 표
를 받게 하고 [17]누구든지 이 표를 가진 자 외에는 매매를 못하
게 하니 이 표는 곧 짐승의 이름이나 그 이름의 수라 [18]지혜가

여기 있으니 총명한 자는 그 짐승의 수를 세어 보라 그것은 사람의 수니 그의 수는 육백육십육이니라

요한계시록 13장 11-18절

우리는 '교회의 사명'에 해당하는 계시록 10장과 11장을 다뤘고, 교회의 영적 전투를 의미하는 13장에서 이 땅의 거룩한 무리와 싸우기 위해 불러 들인 바다 짐승과의 전투에 대해서 살펴봤습니다. 이번 장은 땅에서 올라오는 짐승과 그 짐승과의 전투를 살펴볼 것입니다. 교회의 영적 전투를 보여 주는 12-13장에는 하나님의 백성을 공격하는 세 짐승(용, 바다 짐승, 땅의 짐승)이 나옵니다. 이미 살펴봤지만 사탄은 하나님을 흉내 내는 존재입니다. 사탄은 삼위 하나님을 큰 용과 바다 짐승과 땅의 짐승으로 흉내 냅니다. 이것들은 삼위일체가 되어 교회를 공격합니다. 사탄은 치밀하고 강력하게 교회를 짓밟아 없애려 합니다. 이러한 상황에서 하나님은 성도에게 계시록을 주셨습니다. 그래서 계시록은 미래의 책이 아니라, 아프고 상하고 우는 사람을 치유하고 위로하는 책입니다. 그러나 계시록의 궁극적 목적은 성도들을 위한 전투 교범입니다. 요한은 유배지에서 자기처럼 이 땅에서 하나님의 사람이라는 이유로 고난 받는 성도들을 위해 교회가 치러야 할 영적 전투의 실상과 이겨 내는 비결이 무엇인지 들려주고 있습니다. 그래서 우리도 말세에 있을 영적 전투에 대한 요한의 조언들을 들어야 합니다.

땅에서 올라오는 짐승의 정체

일단 땅에서 올라오는 짐승을 살펴봅시다. 이 짐승에 대한 묘사를 보면, 앞의 용이나 바다 짐승처럼 화려하지 않고 너무 밋밋합니다.

> 내가 보매 또 다른 짐승이 땅에서 올라오니 어린양같이 두 뿔이 있고 용처럼 말을 하더라 그가 먼저 나온 짐승의 모든 권세를 그 앞에서 행하고 땅과 땅에 사는 자들을 처음 짐승에게 경배하게 하니 곧 죽게 되었던 상처가 나은 자니라(11-12절)

11절을 보면 땅에서 올라오는 짐승은 어린양같이 두 뿔이 있는 정도입니다. 어떤 분들은 '어린양'이라는 묘사가 뭔가 있을 것이라고 생각할 것입니다. 이 땅에 오셔서 세상 죄를 짊어지신 하나님의 어린양이신 예수님의 패러디입니다. 문제는 땅에서 올라오는 어린양같이 두 뿔이 있는 짐승이 용처럼 말을 한다는 겁니다. 이 짐승이 올라와서 하는 일은 그보다 앞서 나온 바다 짐승을 경배하도록 사람들을 이끄는 것이었습니다.

우리는 먼저 이 짐승의 정체를 밝혀야 합니다. 독특한 방법으로 어렵게 찾을 필요가 없습니다. 먼저 이 본문과 계시록의 문맥 속에서, 그리고 혹시 이러한 내용을 예수님께서 말씀하신 적이 있었는지, 또 구약 성경에 이와 유사한 내용이 있는지 찾아보면 됩니다. 핵심은 이 사탄의 세력을 겉으로는 구별할 수 없다는 겁니다. 그는 완벽하게 어린양의 겉모양을 하고 있습니다. 그렇다면, 이 짐승이 하나님의 어린양이 아니라는 것을 어떻게 알 수 있을까요? 그 입에서 나오는 말로 알 수 있습니다. 이 짐승의 입은 용처럼 말을 하며, 바다 짐승을 경배합니다. 우리는 바다 짐승이 하나님께 대적하고, 십자가의 길을 부인하고, 어떻게든 자기 인생의 주인이 되어 자신만을 위해 힘을 쌓으라고 미혹한다고 배웠습니다. 그렇다면 땅의 짐승은 뭡니까? '세상의 힘과 능력을 추구하라'고 가르치는 자입니다. 땅에서 올라오는 짐승의 특징을 정리하면 어린양의 겉모습을 하고 있는데 실제 용이 가르치는 말을 하는 것, 즉 겉보기에는 선생 같으나 실상은 거짓을 말하는 선지자들입니다.

우리는 거짓 선지자들의 특징을 반드시 기억해야 합니다. 겉모양으로는 구분할 수 없을 만큼 참 선지자를 닮은 거짓 선지자를 조심해야 합니다. 제가 이전에 만났던 어떤 장로님은 자기는 거짓 선지자와 참 선지자를 구별할 방법을 알고 있다고 하셨습니다. 그분의 구별법은 얼굴의 기름기였습니다. 기름이 많으면 거짓 선지자이고 못 먹어서 얼굴이 푸석푸석하면 참 선지자. 타고 다니는 차가 2,000cc 미만이면 참 선지자, 그 이상이면 거짓 선지자. 어이없지만 그분은 확고부동하셨습니다. 그때 저는 가난한 전도사였으며 신학대학원 재수생인데다 피부도 까칠했고 옷도 허름했습니다. 차는 1,300cc 구형이었습니다. 그 장로님의 기준에 따르면 저는 완벽한 참 선지자였습니다. 그러나 저는 알고 있었습니다. 그때 제가 하는 설교들의 대부분에는 독이 들어 있었습니다. 지금 생각하면 당시 성도들에게 너무 미안하고 하나님께 죄송할 따름입니다. 저는 거짓 선지자는 아니었을지 모르나 미숙한 설교자였습니다.

참 선지자와 거짓 선지자는 외형으로 구분할 수 있는 것이 아닙니다. 거짓 선지자는 광명한 천사의 모습일 가능성이 큽니다. 도덕적이고 윤리적인 삶을 살며, 재산은 없고, 성품도 좋을 수 있습니다. 그냥 그렇게 위선적으로 꾸민 것이 아니라 실제로 그럴 수 있습니다. 정말 헌신적이고 열정적일 수 있습니다. 그렇게 훌륭한 외모를 가지고 있음에도 불구하고 거짓일 수 있습니다. 왜입니까? 참과 거짓을 구분하는 기준은 그 사람이 무엇을 말하느냐에 있기 때문입니다. 만일 그가 용처럼 말한다면 그의 외모가 어떻든 거짓 선지자입니다. 좀 더 쉽게 풀어 말해 보면, "예수님을 이용해서 이 땅의 힘과 보물을 얻을 수 있도록 해 주겠다. 예수님을 믿으면 이 땅에서 더 강하고 풍요롭고 안락한 인생을 살도록 해 주겠다"고 약속하는 사람은 그가 어떤 모양이건 간에 거짓 선지자이며, 땅에서 올라오는 어린양의 모양을 한 사탄의 세력입니다.

거짓 선지자

저는 좀 더 이 주제를 다루어야 한다고 생각합니다. 그런데 이 주제 자체가 우리의 마음을 상하게 할 것을 알기에 조심스럽습니다. 교회 안에 있는 목사나 신학교에서 공부한 사람의 말이라고 다 믿어서는 안 됩니다. 또한 대형 교회의 유명한 목사이거나 큰 단체를 이끌고 있는 사역자 및 많은 선교의 열매를 맺은 선교사나 기독교 베스트셀러 저자라고 해도 무조건 믿어서는 안 됩니다. 우리 앞에 있는 사람의 외형이 어떠하든, 어떤 표정과 진심을 담아 말하든 그 입에서 나오는 메시지를 하나님의 말씀을 기준으로 판단해야 합니다.

한국 땅에 이단이 많이 생겨난 것은 이 땅의 많은 교회가 무식한 성도를 만드는 정책을 택했기 때문입니다. 성도는 신앙생활을 열심히 하면 되지, 신학적 주제나 교리에 대해 알 필요가 없다고 여겼습니다. 성도들이 많이 알면 괜히 목회자가 피곤하다고 생각했습니다. 대신 철저하게 목사에게 순종하도록 만들었습니다. 그래서 신앙에 대해서는 목회자에게 절대적으로 의존하는 구조를 만들어 놨습니다. 고 옥한흠 목사님이 제자훈련을 교회 안에 들여오기 전까지 평신도에게 체계적으로 성경을 가르치는 일은 전혀 없었습니다. 목회자의 설교에 영적인 생활을 의존하는 성도들이 양산된 것입니다. 성도가 성경을 알고 싶다고 하면 통독을 많이 하라고 했습니다. 성경을 통독하는 것은 중요합니다. 그런데 단지 통독만 해서는 안 됩니다. 몇 번 성경을 읽었는지를 셈하는 것 외에 다른 이유가 없는 성경 통독은 잘못된 것입니다. 읽은 내용이 무엇인지 알아야 합니다. 성경 전체의 거대한 맥락과 흐름 그리고 견고한 복음의 진리에 대해서도 듣고 배워야 합니다.

목회자 의존도가 높은 정통 교회 성도들은 이단과 변론할 실력이 없습니다. 이단은 그 나름대로 체계적인 성경 공부를 하거나 나름의 기준을 가지고 교리 공부를 합니다. 외우고 서로 잘 익혔는지 시험도 보고 실습도 합니다. 그래서 짧은 시간에 그들만의 성경 읽기 체계를 가지고 구원론을 정리합니다. 정통 교회 신자들의 비참함이 여기에 있습니다. 이단들이 몇 달만에 정리한 그 지식을, 많은 정통 교회 신자들은 평생 교회 안에 있으면서도 전혀 정리해 놓지 못했습니다. 그래서 참과 거짓을 구별하지 못하고 이단에게 넘어가는 것입니다. 참 목자인가 거짓 목자인가? 그것은 그가 전하는 메시지로 결정됩니다. 그래서 우리는 목자의 음성을 분별해야 합니다. 잘 듣고 우리가 이미 가진 성경에 관한 지식을 가지고 선별해서 이해하고 정리해야 합니다.

> 그날에 많은 사람이 나더러 이르되 주여 주여 우리가 주의 이름으로 선지자 노릇 하며 주의 이름으로 귀신을 쫓아내며 주의 이름으로 많은 권능을 행하지 아니하였나이까 하리니 그때에 내가 그들에게 밝히 말하되 내가 너희를 도무지 알지 못하니 불법을 행하는 자들아 내게서 떠나가라 하리라(마 7:22-23)

그들은 끝까지 자신들이 참 선지자인 줄 알았습니다. 말씀도 전했고, 귀신도 쫓아냈고, 권능도 행했습니다. 그런데 분명한 것은 주께서 그들에게 "내가 너희를 도무지 알지 못한다"고 하셨다는 것입니다. 이유가 무엇일까요? 그들이 전한 것이 큰 용과 바다 짐승과 땅의 짐승의 메시지였기 때문입니다. 저는 이 부분에 대해서 하고 싶은 말이 많으나 저보다 먼저 이 문제로 고심하며 싸우셨던 한 믿음의 선배의 글을 소개하는 것이 더 적절하겠다는 생각이 들어 그대로 인용해 보겠습니다. 마틴 로이드 존스 목사님의 산상수훈 강해집에 나오는 글입니다.

> 거짓 선지자는 우리에게 오는 사람이요, 처음에는 바람직한 것을 모두 갖춘 외모로 오는 사람입니다. 그는 마음에 들고, 붙임성 있고 유쾌합니다. 그는 철저한 기독교인으로 보이며, 옳은 것들을 말하는 것 같습니다. 그의 가르침은 대체로 아주 옳고 참된 기독교인 교사가 마땅

히 사용해야 하고, 또 사용하는 용어들을 구사합니다. 하나님을 논하고, 예수 그리스도를 논하고, 십자가를 말하고, 하나님의 사랑을 강조하는 등 기독교인이 마땅히 해야 할 말을 모두 말하는 것 같습니다. 그리고 그의 생활방식도 일치하는 것처럼 보입니다. 그러므로 조금도 잘못된 곳이 있음을 여러분은 눈치채지 못합니다. 즉각 여러분의 주목을 끌거나 혐의를 일으키거나 눈에 거슬리게 잘못된 것이 하나도 없습니다. (《산상수훈》, 베드로서원, pp. 303-304.)

거짓 선지자는 그의 복음에 '좁은 문과 길'을 갖고 있지 않은 사람입니다. 그는 자연인에게 거슬리는 것은 하나도 갖고 있지 않습니다. 그는 모든 사람을 기쁘게 합니다. 그는 양의 가죽을 입고 옵니다. 보기에 너무나 매력적이요, 붙임성 있고, 마음에 듭니다. 그는 멋지고 기분 좋게 위로의 메시지를 전합니다. 그는 모든 사람을 기쁘게 하며, 모든 사람이 그를 좋게 말합니다. 그는 결코 설교 때문에 박해받는 것도, 호되게 비판받는 일도 없습니다. 그는 여러 신학자와 복음주의자들에게도 칭찬을 받습니다. 그는 이런 의미에서 모든 사람에게 약방의 감초입니다. 그에게는 '좁은 문'이 없으며, 그의 메시지에는 '좁은 길'이 없습니다. 그가 거짓 선지자인 것이 바로 이 때문입니다. 진리를 감추는 것은 철저한 이단을 전파하는 것만큼이나 괘씸하고 저주받을 일입니다. 그런 가르침의 결과를 '노략질하는 이리'의 결과로 비유한 것도 이 때문입니다. 이것은 매우 기분 좋게 하고 붙임성 있는 것이지만, 사람들을 파멸로 이끌 수 있습니다.

양의 탈을 쓴 이리이며 거짓 가르침을 전하는 자들은 이 땅에 있는 것을 모두 취하라고 하고, 세상에서도 인정받고 하나님께도 인정

받는 길이 있다고 말하며, 그리스도의 고난에 참여할 필요 없이 곧 바로 그분이 우리에게 주신 풍성함과 영광을 소유하고 누릴 수 있는 길이 있다고 말합니다. 예수님을 믿는 것이 이 땅에서 복 받고, 건강하게 장수하며 사는 것의 도구인 것처럼 가르치는 사람들 모두가 땅에서 올라오는 짐승인 '거짓 선지자'입니다.

짐승의 사역과 승리

문제는 거짓 선지자가 이적과 능력을 나타내면서 이기는 것처럼 보인다는 겁니다. 거짓 선지자는 사탄에게 받은 능력으로 이적을 행합니다. 이 이적은 하늘에서 불이 내리는 것입니다. 그 묘사를 자세히 살펴보면 어디선가 본 적이 있습니다.

> 큰 이적을 행하되 심지어 사람들 앞에서 불이 하늘로부터 땅에 내려오게 하고 짐승 앞에서 받은 바 이적을 행함으로 땅에 거하는 자들을 미혹하며 땅에 거하는 자들에게 이르기를 칼에 상하였다가 살아난 짐승을 위하여 우상을 만들라 하더라 그가 권세를 받아 그 짐승의 우상에게 생기를 주어 그 짐승의 우상으로 말하게 하고 또 짐승의 우상에게 경배하지 아니하는 자는 몇이든지 다 죽이게 하더라(13-15절)

오늘날 성령 집회와 유사합니다. 이 불은 오순절 성령 강림 사건의 재현을 의미합니다. 왜냐하면 15절을 보면 "그 짐승의 우상에게 생기를 주어 그 짐승의 우상으로 말하게 [했다]"는 내용이 있기 때문입니다. 여기서 '생기'로 번역된 헬라어 단어는 '프뉴마'(성령)입니다. 정리하면, 거짓 선지자들은 성령의 강림과 역사를 완벽하게 모방하여 이 땅에 있는 사람들을 미혹한다는 것입니다. 초대 교회 당시 신실한 주의 종들이 함께하던 교회들에서는 더 이상 이적이 나타나지 않았는데, 땅에서 올라온 짐승인 '거짓 선지자'는 하늘의 이적을 쏟아 부어 가면서 사람들의 마음을 사로잡았습니다.

우리가 사는 이 시대를 '성령의 시대'라고 주장하는 사람들이 있습니다. 성령 하나님께서 확연하게 우리 가운데 역사하시는 때라고 합니다. 저는 그들이 "말세에 성령께서 주도적으로 택하신 백성을 위해 사역하신다"라고 한다면 인정합니다. 그러나 이들은 이 용어를 그런 의미로 사용하지 않습니다. 그들은 포스트모더니즘 시대를 '성령의 시대'로 규정합니다. 모더니즘 시대에는 이성적으로 하나님과 예수님에 대해 교리적인 지식과 의지를 발동해서 믿는 것이 당연한 것으로 여겼지만, 이제는 그런 시대가 지나갔고 새로운 시대가 왔다고 합니다. 그러고는 이런 포스트모더니즘 시대에는 별로 교리적이지 않고 기록된 문자에 매이지도 않는 '성령'이 복음을 전하는 데 가장 적절하다는 의미에서 '성령의 시대'라는 용어를 사용하고 있습니다. 그러나 성경적인 근거는 전혀 없습니다.

저는 성령께서 이제는 기적을 일으키지 않는다고 주장하는 것이 아닙니다. 성령은 우리의 상한 마음을 고치시고, 쓴 뿌리를 제거하시는 분입니다. 저는 성령께서 하시는 신비로운 일을 믿을 뿐 아니라 사역을 하면서 많이 경험했습니다. 성령은 오늘도 일하고 계십니다. 그런데 제가 여기서 확실하게 선을 긋고 싶은 것은 이러한 이적이나 신비적 현상을 거짓 선지자들도 만들어 낼 수 있다는 점입니다. 그래서 단지 그들에게서 이적이 나타나기 때문에 그들도 하나님의 참 선지자라는 생각은 대단히 위험합니다.

저는 오늘날 곳곳에서 하는 수많은 성령 집회에서 일어나는 특이한 현상이 모두 성령의 역사라고는 생각하지 않습니다. 혹자는 “성령이 아니시면 왜 그곳에서 성도에게 좋은 일을 행하시느냐?”라고 반문할 수 있습니다. 그러나 귀신 들린 무당도 미래의 일을 맞추며, 일부 병을 낫게 하며, 신비한 현상을 만들어 낼 수 있습니다. 그런 현상을 가지고 귀신도 사람의 마음을 빼앗을 수 있습니다. 제가 이 같은 현상에 집중하면 안 된다고 말하는 이유는 그러한 체험이 이미 기록된 하나님의 말씀을 배우고 익힌 대로 신앙생활을 할 수 없게 하기 때문입니다. 체험은 중요합니다. 그러나 체험주의는 기록된 계시의 말씀을 무시합니다. 사탄은 인간에게 기쁨과 만족을 줌으로 영혼을 비틀어 놓을 수 있습니다. 하나님의 말씀이 들리지 않게 만드는 기적은 그런 의미에서 사탄이 만든 것일 가능성이 큽니다. 여러분, 이적을 따라 움직이지 마십시오. 여러분에게 개인적으로 예언을 들려주고, 족집게처럼 과거와 현재 상태를 맞춘다고 해도 따라가지 마십시오.

성령님은 우리를 예수님께로 인도하시는 분입니다. 저는 성령님을 생각할 때마다 감격스럽습니다. 왜냐하면 그분은 철저히 자신을 감추고 자신의 빛으로 예수님을 비추시기 때문입니다. 그분은 어떤 의미에서 성도에게 무시당하는 것을 좋아하시는 것 같습니다. 그분은 마치 신부의 손을 잡아 신랑에게 인도하는 들러리 같습니다. 그분 스스로 신랑과 신부에게만 시선이 집중되는 걸 좋아하십니다. 성령님은 주로 죄와 의와 심판에 대하여 깨닫게 하십니다. 다 예수님에 관한 것으로 소급됩니다. 예수님께서 이 땅에 왜 오셨는지, 이 땅에 오셔서 무엇을 하셨는지, 이 땅에 다시 오실 때 무엇을 하실지 알리시는 성령님은 오순절 성령 강림 이후 이제까지 쉬지 않으십니다.

적그리스도, 거짓 선지자들이 성령의 이적이라고 보여 주는 것에 넘어가지 마십시오. 충격적인 현상들이 나타날 것입니다. 입이 쩍 벌어질 만한 일도 있을 수 있습니다. 말세에 그런 일이 일어나서 사람들을 미혹할 것이라고 이미 예수님께서 예고하셨습니다.

> 거짓 그리스도들과 거짓 선지자들이 일어나서 이적과 기사를 행하여 할 수만 있으면 택하신 자들을 미혹하려 하리라 너희는 삼가라 내가 모든 일을 너희에게 미리 말하였노라(막 13:22-23)

예수님은 직접 "너희는 삼가라"고 말씀하십니다. 원어의 뜻은 '눈도 거기에 두지 말라'로, 관용적으로는 '도망가라'는 의미를 담고 있습니다. 주님이 절대 속지 말라고 말씀하십니다. 그것들에게 관심 갖지도 말고 도망가라고 합니다. 그렇다면 우리는 어떻게 해야 하는 것일까요? 눈에 보이는 이적이 아니라 기록된 하나님의 말씀과 약속을 믿어야 합니다. 하나님께 칭찬받는 믿음의 중심에는 '보이지 않는다'라는 특징이 있습니다. 눈으로 보고 손을 만진 것을 '믿음'이라고 말하지 않습니다. 히브리서 11장은 믿음을 이렇게 정의합니다.

> 믿음은 바라는 것들의 실상이요 보이지 않는 것들의 증거니 선진들이 이로써 증거를 얻었느니라(1-2절)

이렇게 정의한 후에 믿음으로 살았던 선배들의 삶의 모습을 열거합니다. 그런데 믿음의 선배들의 공통점은 바로 보이지 않는 것과 잡히지 않는 것을 믿었고 그 믿음으로 끝까지 신실하게 살아 냈다는 것입니다. 우리가 확인할 수 있는 것은 보이지 않는 것을 믿는 믿음으로 사는 이들을 하나님께서 사랑하신다는 겁니다.

우리는 어떤 사람이었습니까? 보이지 않는 하나님을 믿을 만한 사람이었습니까? 아닐 것입니다. 그렇다면 남을 품을 수 없는 옹졸한 자가 깊은 상처를 남긴 타인을 용서하고, 심지어 원수를 축복하며 기도하게 되는 변화가 과연 어디에서 나왔을까요? 결코 변하지 않을 것 같던 나라는 존재가 그분의 손안에서 빚어지고 있다는 것, 이것이 다른 어떤 이적과도 비교할 수 없는 진짜 기적입니다. 기독교는 지금도 놀라운 기적이 일어나는 종교입니다. 그러나 세상은 이 기적에 놀라며 감탄하지 않습니다. 우리가 죄와 사망의 법 아래에서 생명과 성령의 법 아래로 옮겨졌다는 것, 이것이 지금도 일어나고 있는 기독교의 기적입니다. 우리는 그 어떤 인간이나 종교도 만들어 낼 수 없는 기적이 내 속에서 일어났음을 압니다. 그래서 우리는 "주님의 은혜가 내게 족합니다"라고 하나님 앞에 고백합니다.

오른손이나 이마에 받는 표

우리는 앞서 땅에서 올라오는 짐승인 거짓 선지자와 그들의 가르침을 정리했습니다. 이들은 초대 교회 안에 들어와 공동체를 썩게 만들었습니다. 그들은 로마의 핍박을 받는 교회에게 예수님과 황제를 동시에 섬기는 방법이 있다고 가르쳤습니다. 이는 하나님과 세상 양쪽에서 환영받을 수 있는 신앙생활이 가능하고, 황제의 반신상에 절하면서 동시에 그리스도를 주로 고백할 수 있다는 거짓 가르침입니다. 요한은 거짓 선지자들의 특징이 무엇이고, 이들로 인해 성도가 당하는 어려움이 무엇일지 보여 주고 있습니다. 오른손에나 이마에 표를 받게 하고, 표 없는 자들은 더 이상 매매할 수 없는 시대가 올 것이라는 내용입니다. 그리고 그 표(짐승의 이름이나 그 이름의 수)를 666이라고 밝히고 있습니다.

> 그가 모든 자 곧 작은 자나 큰 자나 부자나 가난한 자나 자유인이나 종들에게 그 오른손에나 이마에 표를 받게 하고 누구든지 이 표를 가진 자 외에는 매매를 못하게 하니 이 표는 곧 짐승의 이름이나 그 이름의 수라 지혜가 여기 있으니 총명한 자는 그 짐승의 수를 세어 보라 그것은 사람의 수니 그의 수는 육백육십육이니라(계 13:16-18)

이 본문은 계시록에서 가장 많은 호기심을 유발하는 부분이고, 동시에 논란이 많은 내용이기도 합니다. 여기에 나오는 표가 무엇이냐? 또 이 표를 받는다는 것이 무엇을 의미하냐? 이 표가 없으면 매매할 수 없다는데, 그럼 어떻게 해야 하는가? 우리는 최대한 계시록의 첫 독자가 이 본문을 어떻게 이해했는지 생각해 봐야 합니다. 또한 사도 요한이 첫 독자를 위해 이 글을 썼다면, 표를 오른손에나 이마에 받는다는 의미도 당시 문화 속에서 읽어 내야 합니다.

계시록이 쓰인 주후 1세기 후반으로 가서 이 본문의 일반적 의미를 정리해 보겠습니다. 먼저, '오른손에나 이마에 표를 받는다'는 것은 고대 사회에서 '내가 누구누구의 소유다'라는 공적 증언입니다. 당시에는 오른손이나 이마에 표를 가진 사람이 많았습니다. 로마의 노예와 용병 그리고 신전에서 일하는 사제들에게는 이런 표가 있었습니다. 자신이 누구에게 속한 사람인지 나타내는 표식입니다. 거짓 선지자는 이 땅에 있는 사람들의 오른손이나 이마에 이 표를 찍으려 합니다. 그리고 이 표가 없는 이들은 매매를 하지 못해서 손해를 본다고 합니다. 그렇다면 이 본문의 일차적 의미는 이 표를 받은 자들이 자신이 '바다 짐승'(제국의 정신)의 소유라고 밝힌다는 것입니다. 표를 받으면 더 이상 제국의 핍박은 없습니다. 표를 받은 그는 제국에 속한 자이기 때문입니다. 짐승의 표를 받는다는 것은 하나님 편에서 황제 편으로 옮겨 서는 것, 즉 배교를 의미하는 것입니다.

당시 기독교인들이 배교하는 일반적 방법은 공적 장소인 광장(아고라)에 가서 황제의 신상에 절하며, "당신이 나의 주(퀴리오스)입니다"라고 공개 고백하는 것입니다. 그리고 이렇게 공개적으로 배교 선언을 하면, 로마는 이제까지 그리스도인이라는 이유로 빼앗은 모든 것을 회복해 줍니다. 그리고 이 사람이 배교한 사람이라는 것을 확증해 주는 표를 줍니다. 이 표를 눈에 잘 보이는 오른손이나 이마에 붙이거나 새겨서 그리스도인으로서 당하는 손해를 더 이상 겪지 않도록 해 주는 것입니다. 이제 일상에서 물건을 자유롭게 매매할 수 있습니다. 모든 위협에서 벗어나 평화를 얻습니다. 그러나 사도 요한이 보기에 오른손이나 이마에 황제가 주는 표를 받는 것은 영원한 죽음으로 향하는 길이었습니다. 표를 받은 자의 몸과 생활은 편해지고 더 이상 사탄의 공격, 용과 바다 짐승과 땅의 짐승에게 무차별 공격을 받지는 않을 것입니다. 심지어 용의 세력인 제국이 배교한 인생을 성공적으로 이끌어 줄 것입니다. 그러나 더 중요한 것이 있습니다. 그 사람의 영혼과 영원한 생명은 과연 어떻게 될까요? 그래서 요한은 절대로 그 표를 받아서는 안 된다고 외쳤습니다.

짐승의 수를 세어 보라

요한은 그 표를 받는다는 것이 무엇을 의미하는지를 조금 더 정확하게 설명하려 합니다.

> 누구든지 이 표를 가진 자 외에는 매매를 못하게 하니 이 표는 곧 짐승의 이름이나 그 이름의 수라 지혜가 여기 있으니 총명한 자는 그 짐승의 수를 세어 보라 그것은 사람의 수니 그의 수는 육백육십육이니라(17-18절)

그 표에는 짐승의 이름이나 그 이름의 수라는 것이 적혀 있습니다. 총명한 자는 지혜를 가지고 그 수를 찬찬히 셀 것입니다. 그런데 그 이름의 수를 세어 보니 곧 사람의 수랍니다. 그 수는 '육백육십육'(666)이었습니다. 과연 이 숫자는 무엇을 의미하는 것일까요?

제가 어릴 적에는 666이란 수가 가게에서 파는 물건에 찍힌 '바코드'라는 말이 떠돌았습니다. 우리가 알아볼 수 없는 이진법 코드가 매매와 관련이 되어 있기 때문에 그렇게 해석한 것 같습니다. 이를 가르친 자들은 바코드가 지금은 물건에만 찍히지만 이후에 점점 더 확장이 되어 사람들의 오른손이나 이마에 찍혀 국가가 국민을 통제하기 위한 방법으로 쓰일 것이라 했습니다. 결론은 절대로 바코드를 받으면 안 된다는 것이었고, 구체적 적용은 바코드가 찍힌 물건이나 음식을 사 먹으면 안 된다는 것이었습니다. 어릴 적 부흥회에서 이 이야기를 듣고 얼마나 놀랐던지 한참 동안 바코드가 붙어 있는 과자를 사지 못했던 기억이 납니다. 시간이 어느 정도 지나니 바코드 이야기는 사라졌습니다. 그리고 이제는 모든 생산 물품에 바코드가 찍혀 있기 때문에 불매 운동도 할 수 없습니다. 그후에 신용카드가 나오자 바로 이것이 '짐승의 표'라는 말이 나왔습니다. 신용카드에 마그네틱이나 IC(직접회로) 칩이 들어 있어서 사람의 개인 정보를 넣을 수 있다는 이유였습니다. 신용카드를 늘 가지고 다녀야 하기에 카드의 영향을 받을 수밖에 없다는 것입니다. 역시 신용카드를 사용하지 말아야 한다는 주장이 따라 나왔습니다.

그 다음에 등장한 것이 베리칩(VeriChip, 생체에 삽입하는 전자신분증)입니다. 인간 개인의 모든 정보를 기록해 놓을 수 있는 초소형 칩입니다. 과학기술의 발전으로 기능이 이전보다 더 좋아졌습니다. 단지 정보를 기록해 놓는 것을 넘어 위치를 추적한다거나 그 사람의 통장 잔고와도 연결됩니다. 심지어 이 전자칩의 첨단 기능 가운데 개인의 생각과 마음의 상태까지 바꿀 수 있다는 말도 나왔습니다. 이런 엄청난 기능을 가진 칩을 사람 안에 이식할 것이라는 이야기가 돌았습니다. 그 칩과 슈퍼 컴퓨터가 연동되어 그 사람의 위치, 특성, 현재 상태 등이 끊임없이 기록되어 통제 가능하게 된다는 것이죠. 그렇게 되면 더 이상 현금을 가지고 다닐 필요도, 사람의 위치를 찾기 위해 연락할 필요도 없다고 합니다. 그와 관련된 모든 것을 단번에 알 수 있기에, 말세에 나올 적그리스도는 이 완벽한 통제 수단으로 온 인류를 자기 맘대로 통제할 것이라는 얘기입니다.

그렇다면, 사람의 몸 안에 넣을 수 있는 '베리칩'이 과연 666의 표일까요? 절대 그럴 수 없습니다. 21세기 과학이 만들어 낸 베리칩이 계시록에 있는 이 표라면, 계시록의 경고는 지난 2,000년 동안 이 땅에 있는 교회나 성도에게 아무런 의미가 없는 말씀이 되기 때문입니다. 그럼, 이 666은 어떻게 해석해야 할까요? 이 숫자에 대한 가장 유명한 해석 방법은 '게마트리아'(gematria)라고 하여 해당 언어의

철자에 붙어 있는 숫자를 통해 거꾸로 자음의 의미를 찾는 방법과, 히브리인이 각 숫자에 부여한 의미를 해석하는 방법입니다. 저는 둘 다 적절하다고 생각합니다.

첫 번째, '게마트리아'로 666을 살펴보겠습니다. 아라비아 숫자가 발견되어 널리 보급되기 전까지만 해도 알파벳에 수의 의미를 부여하여 사용하는 방법이 일반적이었습니다. 유대인이 사용했던 히브리어 알파벳에도 각각 연결된 숫자가 있습니다. 이 숫자를 이용해서 히브리어 단어나 문장을 암호화했는데, 이를 '게마트리아'라고 합니다.

계시록은 밧모 섬에 유배되어 있는 요한이 섬 바깥 소아시아 지역에 있는 성도들에게 보낸 편지라고 앞서 말씀드렸습니다. 계시록이 소아시아의 교회에 전해지려면 로마 정부에 대한 구체적 내용을 담고 있어서는 안 됩니다. 정부의 검열을 받아야 하기 때문이지요. 이런 분위기를 생각할 때 666도 히브리어 알파벳의 숫자를 이용한 암호라고 볼 수 있습니다.

아주 압축적으로 이 '게마트리아'라는 암호를 설명해 보겠습니다. 히브리어 알파벳별로 대응하는 숫자는 알레프부터 테트까지 1-9를 가르키고, 요드부터 차데까지 10-90을 가리키며, 코프부터 차데 소피트까지 100-900을 가리킵니다. 이를 바탕으로 숫자를 문자로 유추하는 것이 가능합니다. 이 방식으로 가장 널리 알려진 숫자가 바로 계시록의 666입니다. 게마트리아로 666을 히브리어로 바꾼 후, 이것을 라틴 알파벳으로 바꾸면 Nrwnqsr가 되는데, 여기에 모음을 붙이면 Nerw Qesar, 즉 기독교인들에게 핍박을 시작한 황제인 '네로 카이사르'가 됩니다. 요한계시록의 어떤 사본에는 666이 616으로 표기된 것도 있는데 같은 방식으로 게마트리아를 사용해서 히브리어로 바꿔 보면, 요한계시록이 쓰였던 시대의 황제인 '도미티아누스'의 이름이 나오기도 합니다. 정리하면, 이 666의 표는 당시 기독교를 핍박하던 황제의 이름을 상징합니다. 네로든, 도미티아누스든 이는 로마 제국의 모든 힘을 가진 황제를 상징하는 숫자였습니다. 황제의 이름을 새긴 자, 황제 앞에 무릎 꿇은 자들이 바로 이 666의 표를 오른손과 이마에 받는 배교자입니다.

두 번째, 히브리인들이 각 숫자에 부여한 의미를 살려서 666의 의미를 유추하는 것입니다. 분명 666은 짐승의 수라고 했습니다. 여기에 있는 짐승은 용 또는 바다 짐승을 의미합니다. 사탄의 세력을 상징하는 수를 666라고 합니다. 왜 사탄의 숫자가 666일까요? 유대인들에게 거룩한 숫자는 하나님을 의미하는 숫자 7입니다. 하나님은 천지를 6일 만에 창조하신 후, 7일째 안식하셨고, 일곱째 날을 자기 백성들을 위한 '안식일'이라고 했습니다. 이날은 오직 하나님께만 드리는 날이었습니다. 그리고 히브리인들에게 세 번 반복한다는 것은 바뀔 수 없는 것을 의미하면서 동시에 '신적인 것'을 의미합니다. 그렇다면 7이라는 숫자가 세 번 반복되어 나왔다면, 완전한 하나님을 상징하는 숫자가 됩니다. 777이 하나님의 완전성을 드러내는 숫자인 것에 반해 666은 하나님처럼 되려던 사탄에 대한 표현입니다. 사탄은 결코 하나님처럼 될 수 없습니다. 그러나 그는 인간들에게 하나님처럼 보이고 싶습니다. 어떻게든 하나님처럼 보이고 싶은 사탄을 표현한 것이 7에서 하나 부족한 불완전한 숫자 6입니다. 7에 미치지 못한 숫자 6에 신성을 부여하려고 세 번을 반복하면 숫자 666이 나옵니다. 언뜻 보면 하나님 같으나 자세히 보면 하나님이 아닙니다. 그런 그가 신성을 가진 것처럼 사람들의 마음을 사로잡고 있는 것입니다. 정리하면, 하나님이 계셔야 할 자리에 비슷하지만 하나님이 아닌 것이 있음을 표현하는 암호입니다.

저는 둘의 해석이 다 적절하다고 생각합니다. 제국을 상징하는 황제의 이름이 되기도 하고, 하나님께서 계셔야 할 자리에 하나님 아닌 것이 있음을 의미하기도 하는 숫자가 666입니다. 그렇다면 이 표를 사람들의 이마와 손에 찍었다는 것은 무엇을 의미할까요? 눈에 보이는 무언가를 그들의 오른손이나 이마에 찍었다는 것으로 이해하면 안 됩니다. 그렇게 이해하면 계시록 7장에서 천사가 택함 받은 성도들의 이마에 인을 쳐서 재앙에서 지키는 장면도 똑같이 문자적으로 이해해야 하는데, 대부분 우리는 그 부분을 천사가 물리적으로 이마에 도장을 찍어 준다는 의미로 이해하거나 해석하지 않습니다. 만약 7장에서 천사가 성도의 이마에 찍어 주는 인이 성도를 향한 보호를 상징하는 것이라면, 13장에서 사람들이 오른손이나 이마에 받는 이 짐승의 표도 상징이어야 합니다. 과연 오른손이나 이마의 표는 무엇을 의미하는 것일까요? 이 역시 구약성경 신명기에 기록되어 있습니다.

> 너는 마음을 다하고 뜻을 다하고 힘을 다하여 네 하나님 여호와를 사랑하라……너는 또 그것을 네 손목에 매어 기호를 삼으며 네 미간에 붙여 표로 삼고(신 6:5, 8)

신명기 6장에는 유대인들이 가장 사랑하는 말씀, 쉐마가 나옵니다. 6장 5절은 마음과 뜻과 힘을 다하여 하나님을 사랑하라는 이스라엘 백성의 존재 이유가 나와 있습니다. 그런 다음 8절을 보면 쉐마의 말씀을 너희 마음과 삶에 깊이깊이 새겨야 한다고 나옵니다. 손목(오른손)과 미간(이마)에 "너는 마음을 다하고 뜻을 다하고 힘을 다하여 네 하나님 여호와를 사랑하라"는 구절을 항상 가지고 다닐 것을 권고하는 내용입니다. 오늘날에도 독실한 유대교인들은 신명기 6장 8절을 문자 그대로 적용하여 쉐마가 쓰인 종이를 작은 상자(테필린)에 담아 이마에 매고, 손목에는 쉐마가 적인 가죽띠를 띠고 토라를 읽습니다. 하나님께서 자신의 백성에게 간절히 원하신 것은 '하나님을 사랑하는 것'이었습니다. 이마는 사람의 생각을 의미하며, 오른손은 그의 행동을 의미합니다. 결국 하나님은 "너의 모든 생각과 행동을 통해 하나님을 사랑하라"는 신명기 6장의 말씀을 자기 백성에게 하고 싶으신 겁니다.

그렇다면 여러분, 이 짐승의 표를 오른손이나 이마에 받는 것은 무엇을 의미합니까? 하나님을 사랑하라는 쉐마가 있어야 할 자리에 다른 것이 놓이는 것입니다. 하나님을 사랑하는 대신 사탄을 사랑하는 것입니다. 큰 용과 바다에서 올라온 짐승, 다시 말해 힘과 능력으로 모든 것을 통제할 수 있다는 세상 정신과 논리로 이 땅을 사는 것을 의미합니다. 666의 표를 받았다는 것은 무언가 특별한 표를 받은 아주 악한 사람들을 말하는 게 아닙니다. 이 표는 우리와는 상관없는 사람들의 이야기가 아닙니다. 우리의 생각과 행동에 있어 전혀 하나님을 생각하지 않고, 내 생각과 뜻이나 세상이 말하는 대로 판단하고 살아가는 모든 인생에 대한 것입니다. 하나님을 인생의 주인으로 모시지 않은 인간이 이미 666의 표를 오른손이나 이마에 가진 것입니다. 교회 안에 있는 성도라도 마찬가지입니다. 생각과 행동의 중심에 하나님이 없다면 다 똑같은 짐승의 표를 가진 자입니다. 그런 자들의 결국은, 마지막 때에 용과 짐승과 거짓 선지자와 함께 영원한 심판을 받을 것입니다.

생명이 걸린 분별력

우리는 지금 영적 전투 중입니다. 하나님은 이 땅의 교회가 이 싸움에서 제대로 이겨 내길 원하십니다. 오늘 우리가 보았던 장면은 거짓 선지자들의 유혹에 대한 것입니다. 그들은 수많은 이적과 기사를 행합니다. 그들은 겉으로는 전혀 구별되지 않습니다. 그들을 구별하는 유일한 기준은 그들이 전하는 메시지입니다. 그 메시지가 어디를 향하고 있는지가 그들이 누구인지를 결정합니다. 주님의 십자가를 따르는 좁은 길인지, 그 십자가와 무관한 넓은 길인지가 그들이 누구인지를 알아낼 수 있는 유일한 기준입니다. 이 거짓 선지자들의 유혹이 넘치는 세상 속에서 성도는 어떻게 해야 합니까?

> 지혜가 여기 있으니 총명한 자는 그 짐승의 수를 세어 보라(18절)

사랑하는 여러분, 분별력을 키우십시오. 우리 속에 진리를 채워야 합니다. '그리스도의 길'과 '세상의 길'을 구분할 수 있는 분별력을 구하셔야 합니다. 주님이 주시는 지혜와 총명을 가지고 이 땅에 있는 '짐승의 수'를 찾아 내야 합니다.

교회는 반드시 이깁니다. 성도는 반드시 하나님의 보호 안에서 승리합니다. 그 승리를 믿으십시오. 그리고 그 믿음 안에서 이 땅에서 성도로서 당하는 어려움과 힘든 일을 버텨 내십시오. 믿음과 인내를 주께 보이십시오. 그리고 유혹하고 속이는 자로 들어오는 사탄의 공격이 있음을 기억하십시오. 겉으로는 똑같아 보이기에 가만히 있으면 당합니다. 깨어 있으십시오. 분별과 총명을 구하십시오. 하나님의 진리의 말씀을 더 많이, 더 깊이 이해하십시오. 그리고 그것으로 이 땅에서 우리에게 다가오는 모든 것을 분별하십시오. 이 땅의 전투가 끝나는 날, 이 거대한 우주적 전투가 끝나는 날에 우리 모두가 주님의 편에 서 있기를 바랍니다.

10장

어린양의 혼인 잔치

[1]이 일 후에 내가 들으니 하늘에 허다한 무리의 큰 음성 같은
것이 있어 이르되 할렐루야 구원과 영광과 능력이 우리 하나님
께 있도다 [2]그의 심판은 참되고 의로운지라 음행으로 땅을 더
럽게 한 큰 음녀를 심판하사 자기 종들의 피를 그 음녀의 손에
갚으셨도다 하고 [3]두 번째로 할렐루야 하니 그 연기가 세세토
록 올라가더라 [4]또 이십사 장로와 네 생물이 엎드려 보좌에 앉
으신 하나님께 경배하여 이르되 아멘 할렐루야 하니 [5]보좌에서
음성이 나서 이르시되 하나님의 종들 곧 그를 경외하는 너희들
아 작은 자나 큰 자나 다 우리 하나님께 찬송하라 하더라 [6]또
내가 들으니 허다한 무리의 음성과도 같고 많은 물소리와도 같
고 큰 우렛소리와도 같은 소리로 이르되 할렐루야 주 우리 하
나님 곧 전능하신 이가 통치하시도다 [7]우리가 즐거워하고 크게
기뻐하며 그에게 영광을 돌리세 어린양의 혼인 기약이 이르렀
고 그의 아내가 자신을 준비하였으므로 [8]그에게 빛나고 깨끗한

세마포 옷을 입도록 허락하셨으니 이 세마포 옷은 성도들의
옳은 행실이로다 하더라 9 천사가 내게 말하기를 기록하라 어린
양의 혼인 잔치에 청함을 받은 자들은 복이 있도다 하고 또 내
게 말하되 이것은 하나님의 참되신 말씀이라 하기로 10 내가 그
발 앞에 엎드려 경배하려 하니 그가 나에게 말하기를 나는 너
와 및 예수의 증언을 받은 네 형제들과 같이 된 종이니 삼가 그
리하지 말고 오직 하나님께 경배하라 예수의 증언은 예언의 영
이라 하더라

요한계시록 19장 1-10절

계시록에는 환상에 대한 묘사가 많습니다. 그러한 환상 중에는 대단히 무서워 보이는 것도 있습니다. 우리는 계시록을 읽으면서 그러한 두려움을 주는 환상을 내가 경험할 수 있는 환난으로 생각하는 경우가 많습니다. 그래서 계시록이 무섭습니다. 그러나 계시록에 나오는 하나님의 가장 강력한 심판은 언제나 그리스도를 믿지 않는 세상과 특히 성도를 핍박하는 세상을 향한 것입니다.

그렇다면 계시록 말씀 중에 성도를 위한 환상도 있을까요? 의외로 많습니다. 두려운 환상들과 거의 대등할 정도로 성도를 위한 복된 환상이 많습니다. 문제는 우리의 뇌가 부정적인 것을 더 강하게 기억하기 때문에 성도에 대한 것이 잘 띄지 않을 뿐입니다. 긍정적 환상으로 대표적인 것이 계시록 21장과 22장입니다. 많은 사람이 '요한이 본 천국'이라고 하는 새 하늘과 새 땅, 새 예루살렘에 관한 부분입니다. 그리고 이제 우리가 살펴보려는 19장입니다. 일명 '어린양의 혼인 잔치'입니다.

천상에 가득한 할렐루야 찬양

계시록 19장은 계시록에 등장하는 모든 악의 세력, 즉 용과 바다에서 나온 짐승과 땅에서 올라오는 짐승, 거짓 선지자와 음녀들에 대한 하나님의 심판이 끝난 이후에 어떤 일이 일어나는지 묘사하고 있습니다.

> 이 일 후에 내가 들으니 하늘에 허다한 무리의 큰 음성 같은 것이 있어 이르되 할렐루야 구원과 영광과 능력이 우리 하나님께 있도다 그의 심판은 참되고 의로운지라 음행으로 땅을 더럽게 한 큰 음녀를 심판하사 자기 종들의 피를 그 음녀의 손에 갚으셨도다 하고(1-2절)

하늘에 있는 허다한 무리가 하나님을 향해 "할렐루야" 찬양을 합니다. '할렐루야'는 '여호와를 찬양하라'는 뜻입니다. 무엇에 대한 찬양입니까? 성도를 핍박하는 세상을 하나님께서 심판하셨는데 그 심판이 너무나 참되고 의롭기 때문에 의로우신 재판장이신 하나님을 찬양한 것입니다. 이 허다한 무리의 찬양은 한 번으로 끝나지 않습니다. 3절에도 '할렐루야'가 나오고, 4절에도 교회를 상징하는 이십사 장로와 이 땅에 있는 모든 피조물을 대표하는 네 생물이 보좌에 앉으신 하나님을 경배하며 '할렐루야'를 외칩니다. 1-4절에 '할렐루야'가 반복적으로 나옵니다. 모든 피조물이 하나님을 찬양합니다.

하나님은 어떤 분입니까? 공의로운 재판장이십니다. 이제까지 성도를 핍박하고 죽이던 사탄과 그에게 속한 모든 것을 하나님이 심판하시는데, 그 심판이 매우 공정해서 모든 만물이 하나님을 향해 '할렐루야'를 외칠 수밖에 없었습니다.

그날에 우리 역시 찬양을 그칠 수 없을 것입니다. 사탄과 그의 세력을 하나님께서 심판하실 것이기 때문입니다. 하나님께서 오래 참으셨습니다. 우리가 생각하기로는 너무 오래 참으신 것 같습니다. 하나님의 공의에 대한 의심마저 들었습니다. 그러나 하나님은 그날에 더 이상 참지 않으시고 손을 들어 이 땅에 있는 사탄과 그의 세력을 치시는데, 그분의 손 앞에 남아나는 것이 없습니다. 진노하시는 하나님의 손 아래 이제껏 그렇게 강해 보였던 용과 바다 짐승과 땅의 짐승과 적그리스도와 음녀의 모든 세력이 단번에 깨져 버린 것입니다. 3절에서 "그 연기가 세세토록 올라가더라"라고 합니다. 이게 무슨 뜻일까요? 하나님의 심판으로 소돔과 고모라가 불타오를 때 비슷하게 사용했던 표현입니다. 하나님께서 모든 악의 세력을 완전히 멸망시키셨다는 의미입니다.

온 땅이여 찬양하라

세상의 모든 악을 제거하시는 공의로운 하나님의 심판 앞에서 성도들이 경배합니다. 그리고 보좌에서 음성이 나서 하나님께 찬송하라고 합니다.

> 보좌에서 음성이 나서 이르시되 하나님의 종들 곧 그를 경외하는 너희들아 작은 자나 큰 자나 다 우리 하나님께 찬송하라 하더라 또 내가 들으니 허다한 무리의 음성과도 같고 많은 물소리와도 같고 큰 우렛소리와도 같은 소리로 이르되 할렐루야 주 우리 하나님 곧 전능하신 이가 통치하시도다(5-6절)

하나님을 경외하는 성도라면 아이나 어른이나 할 것 없이 모두 다 하나님을 찬양해야 합니다. 요한의 귀에 허다한 무리의 음성과도 같은 소리로 찬양이 들리더랍니다. 얼마나 사람이 많으면 그 소리가 많은 물소리와도 같고 큰 천둥소리 같답니다. 헤아릴 수 없는 성도들이 다 함께 한 목소리로 하나님을 찬양한 것입니다.

로마 황제가 세상을 통치하는 줄 알았는데 아니었습니다. 권세자들, 세상의 힘과 돈과 능력을 가진 자들이 이 땅을 움직이는 줄 알았는데 아니었습니다. 주 우리 하나님, 전능하신 이께서 이 땅을 여전히 통치하고 계심을 악인들을 심판하시는 것을 통해 우리가 알게 되었습니다. 잠깐 동안 보이지 않으신 하나님, 이 땅을 사탄에게 내어 주신 것 같았던 하나님께서 화려하게 보좌에서 그 얼굴을 드러내셨습니다. 결국 성도들은 영광스러운 주님의 모습 앞에 찬양할 수밖에 없었습니다.

땅에 있는 성도들과 하늘에 있는 성도들이 다 모이는 날이 있을 것입니다. 인종도, 배경도, 언어도 달랐지만 이 땅에서 하나님의 백성으로 살았다는 하나의 공통점으로 모일 것입니다. 그리고 함께 하나님을 찬양할 것입니다. 이 거대한 모임에서 함께 하나님을 찬양한다면 얼마나 기쁘고 행복할까요? 지금 하나님께서 우리에게 이 영광스러운 찬양의 날을 보이십니다.

개선한 왕의 혼인 잔치

이 찬양은 악을 심판하시는 의로운 재판장이신 하나님에 대한 것이며 동시에 왕좌에 앉아 우주를 통치하시는 왕에 대한 것입니다. 그런데 찬양 중에 새로운 이야기가 등장합니다.

> 우리가 즐거워하고 크게 기뻐하며 그에게 영광을 돌리세 어린양의 혼인 기약이 이르렀고 그의 아내가 자신을 준비하였으므로(7절)

"어린양의 혼인 기약이 이르렀"답니다. 이게 무엇을 의미하는지가 이 말씀의 결론입니다. 하나님께서 이 땅에 있는 모든 악을 제하시는 것도 기쁩니다. 우리의 왕이 보좌에 계시다는 것도 신나는 일입니다. 그러나 그것보다 더 기쁜 이유가 있습니다. '왕의 혼인 잔치'가 이제 곧 열리기 때문입니다.

쉽게 이해하기 위해 이렇게 설명을 해 봅니다. 한 나라의 왕이 있습니다. 이 왕은 결혼하기로 한 신부가 있었습니다. 그런데 아직 결혼식을 올리지 않았습니다. 이유는 이웃 나라와 전쟁 중이었기 때문입니다. 침략군을 막기 위해 왕이 출정식을 하면서 백성에게 선포했습니다. "내가 이번 전쟁에서 승리하고 돌아올 때, 가장 먼저 나와 혼인을 기약한 저 여인과 결혼식을 올리겠다." 왕은 출정했고, 치열한 전투가 벌어졌습니다. 마침내 국경에서 승리의 소식이 들려왔습니다. 온 백성들은 이 승리의 소식을 듣고 기뻐하며 환호성을 질렀습니다. 전쟁은 승리로 끝났지만 아직 해야 할 일이 남았습니다. 전쟁에 승리하고 돌아온 왕은 이제껏 기다리고 있는 순결한 신부와 결혼을 해야 합니다. 왕이 준비하는 결혼식, 전쟁에 승리한 왕이 여는 잔치입니다. 이 잔치가 얼마나 풍성하고 화려할지 기대됩니다. 초청받은 사람들이 이 일로 환호하는 것은 당연합니다. 이것이 "어린양의 혼인 기약이 이르렀고"가 갖는 의미입니다.

신랑의 헌신적 사랑

저는 이 본문에서 이 혼인 잔치가 열리기 위해 필요한 두 가지를 정리하고 싶습니다. 혼인 잔치가 열리기 위해 필요한 첫 번째는 '신랑의 헌신적 사랑'입니다. 그 사랑을 어디서 찾을 수 있을까요? 먼저, 본문이 신랑을 누구로 소개하고 있는지 살펴봅시다. 신랑을 '어린양'이라고 표현하고 있습니다. 또 이 혼인 잔치의 이름 역시 '어린양의 혼인 잔치'라고 합니다. 사탄과 악의 세력을 이기고 승리하여 돌아온 왕의 수식으로 붙이기에는 뭔가 너무 약해 보이지 않습니까? 양보다는 사자여야지요. 그러나 성경은 양도 아니고 '어린양'이라는 수식을 승리하신 왕에게 붙였습니다. 왜 이런 수식을 붙인 것일까요? 이유는 이 혼인 잔치가 열릴 수 있었던 가장 큰 이유가 신랑 되신 예수님의 '희생과 사랑'이었기 때문입니다. 어린양이라고 할 때 우리가 생각해야 할 것은 어린이 성경에 나오는 예쁘거나 사랑스러운 이미지가 아닙니다. 초대 교회 성도들에게 '어린양'의 이미지는 '대속 제물'이었습니다. 그래서 계시록 5장에 보면 "한 어린양이 서 있는데 일찍이 죽임을 당한 것 같더라"(6절)라는 표현이 있습니다.

혼인 잔치가 열리게 된 이유가 무엇입니까? 혼인 잔치의 신랑이신 예수 그리스도의 희생과 사랑이 있었기 때문입니다. 평범한 잔치가 아닙니다. 예수님께서 자신의 물과 피를 다 쏟아 우리를 자신의 신부로 맞아 주셨기에 이 잔치에 나아올 수 있게 된 것입니다. 예수님의 희생과 사랑이 없이는 기쁨과 감격이 있는 잔치는 절대로 있을 수 없습니다. 주가 먼저 우리를 사랑하셨고, 우리를 위해 모든 것을 희생하셨다는 것을 '어린양'이 보여 줍니다.

저는 어린양 예수님을 생각하면 곧장 떠오르는 불경한 단어가 있습니다. '바보'입니다. 바보는 명사로 '지능이 부족하여 정상적으로 판단하지 못하는 사람을 낮잡아 이르는 말' 또는 '어리석고 멍청하거나 못난 사람을 욕하거나 비난하여 이르는 말'입니다(국립국어원 표준국어대사전). 그러나 제가 생각하는 바보는 이런 사전적 의미와 조금 다릅니다.

초등학교 2학년 때, 제 아버지의 목회 때문에 시골로 갑자기 전학을 가야 했습니다. 저는 시골에 있는 학교에서 친구를 사귈 수가 없었습니다. 그곳 아이들의 사투리를 잘 알아들을 수 없었을 뿐 아니라 긴장하면 말을 더듬는 버릇 때문에 국어 책을 소리 내어 제대로 읽지 못했기 때문입니다. 학교 아이들 사이에서 이상한 도시 애라는 놀림을 받았고 급기야 제 주변에 아무도 오지 않았습니다. 그래서 저는 늘 혼자였습니다. 저는 친구들이 굳이 필요하지 않다고 생각하고 사람들이 잘 오지 않는 교회 찔레 울타리 아래서 혼자 이런 저런 공상을 하며 지냈습니다. 그러다 우연히 친구가 생겼는데 동네에서 '바보'라고 놀림당하는 형이었습니다.

저는 그 형의 이름을 기억하지 못합니다. 분명 언젠가 이름을 물어 봤을텐데, 이름으로 그 형을 불러 본 기억이 없습니다. 저는 아홉 살이었고, 그 형은 열일곱 살이었습니다. 그 형은 진짜 바보였습니다. 시키는 건 다 하는 형이었습니다. 심지어 환하게 웃으면서 제가 시키는 건 뭐 하나 싫다 하지 않고 다 했습니다. 하루는 제가 학교에서 찰흙으로 만들기를 해야 한다고 했더니, 그 형이 흙을 곱게 체 쳐서 진짜 찰흙을 만들어 학교 앞에서 제게 전해 줬습니다. 저는 그 형에게 한 번도 고맙다고 한 적이 없습니다. 그 형은 바보니까 그렇게 한다고 생각할 뿐이었습니다.

어느 날 그 형이 동네에서 보이지 않았습니다. 제가 있으면 늘 형이 찾아왔던 교회 앞 찔레 울타리 아래서 아무리 기다려도 오지 않았습니다. 그 형이 준 찰흙으로 만든 기차를 만지며 서럽게 울었습니다. 한 번도 고맙다고 한 적이 없어서, 내가 이용만 해 먹어서, 바보 형이 환하게 웃는 얼굴이 많이 생각나서 울었습니다. 많은 시간이 지났습니다. 이제는 바보 형의 얼굴이 기억나지 않습니다. 한참 동안 바보 형을 떠올리지도 못했습니다. 그런데 제가 스물한 살이 되어 선교단체 수련회에서 하나님의 사랑을 처음으로 깊이 경험한 그날, 예수님이 나를 위해 십자가에 달려 죽으셨다는 것을 처음으로 진지하게 고백하며 십자가 앞에 무릎을 꿇었던 그날, 십자가에 달리신 예수님의 얼굴에서 바보 형의 미소를 봤습니다.

사랑받을 만한 이유가 제게는 없었습니다. 나를 위해 희생할 이유 따위는 없었습니다. 내 요구를 들어야 할 의무도 없었습니다. 나를 살리셔야 하는 이유 따위는 애초에 없었습니다. 그런데 그런 허물과 죄로 죽어야 하는 나, 이기심으로 똘똘 뭉쳐 있던 나에게 그분이 찾아오셨는데 그분의 얼굴이 '바보 형'의 얼굴이었습니다.

이 잔치는 우리가 만든 잔치가 아닙니다. 바보 예수님, 우리를 위해 어린양으로 오신 예수님의 희생과 사랑을 통해 만들어진 자리입니다. 주님이 그 자리에 우리를 초청하신 것입니다.

신부의 준비

혼인 잔치가 있기 전에 반드시 필요한 두 번째는 헌신적인 신랑에게 걸맞은 신부의 준비입니다. "그의 아내가 자신을 준비하였[다]"(7절). 즉 신부인 성도의 준비입니다. 신랑이신 예수님께서 자신의 희생과 사랑으로 혼인 잔치를 준비하셨습니다. 그러나 신부가 준비되어 있지 않으면 혼인 잔치는 할 수 없습니다. 신부가 준비된 그때가 혼인 잔치를 할 때입니다. 신부는 무엇을 준비해야 할까요?

> 우리가 즐거워하고 크게 기뻐하며 그에게 영광을 돌리세 어린양의 혼인 기약이 이르렀고 그의 아내가 자신을 준비하였으므로 그에게 빛나고 깨끗한 세마포 옷을 입도록 허락하셨으니 이 세마포 옷은 성도들의 옳은 행실이로다 하더라(7-8절)

"빛나고 깨끗한 세마포 옷", 다르게 표현하면 "옳은 행실로" 자신을 단장하라는 겁니다. 왜 주님께서 재림하지 않으시는 것일까요? 그분께서 십자가에 달려 죽으심으로 사탄의 머리가 깨어졌는데도 왜 주님은 이리도 늦게 오시는 걸까요? 한두 해가 아니라 벌써 2,000년을 기다렸고, 머리 깨진 뱀이 지금 완전히 기가 살아서 사방을 휘젓고 다니는 것 같은데 사망을 이기신 우리 주님은 왜 이리도 더디 오실까요? 이유가 있습니다. 신부인 우리가, 교회가 아직 혼인 잔치에 설 준비가 되지 않았기 때문입니다. 희고 깨끗하고 빛나는 세마포 옷으로 스스로를 단장하지 못했기 때문입니다.

그렇다면, 세마포 옷이란 뭡니까? 앞서 나왔던 붉은 옷, 자색 옷을 입은 음란한 여인과 대조됩니다. 흰옷, 깨끗한 옷입니다. 아름답게 수가 놓인 화려한 옷이 아닙니다. 오직 신랑이신 예수님만 바라보며, 그분이 이 전쟁을 끝내고 다시 돌아오시는 날만 고대하는 여인이 지킬 수 있는 가장 소중한 것, 순결함으로 자신을 단장해야 합니다. 순결이라는 단어가 어렵습니까? 좀 더 쉬운 말로 바꿔 볼까요? '그분을 바라보는 것' 아니, '그분만 바라보는 것'입니다.

사랑하는 여러분, 우리가 누구였습니까? 우리는 바벨론 음녀였습니다. 우리는 호세아서에 나오는 음란한 여인 고멜이었습니다. 우리는 허물과 죄로 죽었던 자들이었습니다. 우리의 목구멍은 열린 무덤이었습니다. 우리는 우상 제작소였습니다. 우리 중 누구도 신랑과 짝을 이뤄 가정을 이룰 만한 자가 없었습니다. 그런데 우리의 신랑은 다른 건 다 똑똑한데, 우리를 대할 때면 바보가 됩니다. 기다리고 참고 봐 주십니다. 그분을 향해 삿대질하고 얼굴에 침을 뱉고 원망의 말을 쏟아 놓으며 그분의 손에 못을 박고 옆구리를 창으로 찔렀는데도, 우리를 향해 미소를 지으며 바보같이 다가오셔서 끌어안으십니다. 끊임없이 음란한 자식들을 낳아 그분의 가슴에 수없이 못을 박았는데도 그 얼굴에서 미소를 지우지 않으십니다. 어느 날인가 그분을 밀치는 내 손에 힘이 빠졌습니다. 아무리 밀쳐도 물러서지 않는 신랑의 얼굴을 바라봤습니다. 신랑의 눈에서 이글거리는 사랑이 보입니다. 결국 그 사랑에 항복했습니다.

우리가 이 바보 같은 신랑을 위해 무엇을 해야 할까요? 뭔가 위대한 일을 해야 할까요? 높은 자리에 올라가서 그분의 자랑이 되어야 할까요? 수많은 사람을 주께 인도하는 능력의 사람이 되어야 할까요? 아닙니다. 그저 눈을 들어 그분을 바라보면 됩니다. 어린양이신 주님이 이미 내게 보이신 그 희생과 사랑에 감사하고 감격하며, 그분만을 바라보고 기뻐하면 됩니다. 그때 신부 된 교회를 주님의 영원한 나라로 초청하실 것입니다. 그때까지 계속 주님을 더 많이 사랑하는 법을 배워 가는 성도 되시기를 바랍니다.

11장

새 하늘과 새 땅

[1]또 내가 새 하늘과 새 땅을 보니 처음 하늘과 처음 땅이 없어
졌고 바다도 다시 있지 않더라 [2]또 내가 보매 거룩한 성 새 예
루살렘이 하나님께로부터 하늘에서 내려오니 그 준비한 것이
신부가 남편을 위하여 단장한 것 같더라 [3]내가 들으니 보좌에
서 큰 음성이 나서 이르되 보라 하나님의 장막이 사람들과 함
께 있으매 하나님이 그들과 함께 계시리니 그들은 하나님의 백
성이 되고 하나님은 친히 그들과 함께 계셔서 [4]모든 눈물을 그
눈에서 닦아 주시니 다시는 사망이 없고 애통하는 것이나 곡하
는 것이나 아픈 것이 다시 있지 아니하리니 처음 것들이 다 지
나갔음이러라 [5]보좌에 앉으신 이가 이르시되 보라 내가 만물을
새롭게 하노라 하시고 또 이르시되 이 말은 신실하고 참되니 기
록하라 하시고 [6]또 내게 말씀하시되 이루었도다 나는 알파와 오
메가요 처음과 마지막이라 내가 생명수 샘물을 목마른 자에게
값없이 주리니 [7]이기는 자는 이것들을 상속으로 받으리라 나는

그의 하나님이 되고 그는 내 아들이 되리라

요한계시록 21장 1-7절

이번 장은 요한계시록 마지막 부분에 기록되어 있는 장면 일부를 살펴보려고 합니다. 성도의 결국을 보여 주는 이 장면이 우리로 하여금 이 땅에서 성도로 살 수 있게 만들어 주기 때문입니다. 그래서 이미 우리에게 구원의 감격을 주셨지만 또 주신 것이 있습니다. 주께서 개인의 죽음과 온 우주의 종말의 때에 주시겠다고 하신 약속입니다. 존 파이퍼는 이것을 '장래의 은혜'라고 표현했는데, 우리는 조금 더 익숙한 표현인 '천국의 소망'으로 바꿔 불러도 좋습니다.

요즘의 신학은 죽어서 가는 천국에 대해 이야기하는 것을 구닥다리로 여기는 경향이 있습니다. '하나님 나라는 죽어서 가는 공간적 장소를 의미하는 것이 아니라 이 땅에서 우리가 하나님의 통치를 받으며 살아가는 것이다'라고 말하며, 이 땅에서 하나님께 순종하고, 이 땅을 하나님이 다스리는 나라로 바꾸기 위해 노력할 것을 강조합니다. 이런 강조는 그동안 하나님 나라를 온통 죽어서 가는 천국으로만 생각하여 이 땅의 삶을 등한시하고 아무렇게나 살아도 된다고 생각했던 과거의 상황에서 나왔다고 저는 생각합니다. 충분히 이해할 수 있는 강조입니다. 그러나 죽어서 가는 천국은 여전히 중요합니다. 만일 우리에게 죽어서 가는 천국, 주께서 약속하신 영원한 안식의 땅이 없다면, 저는 도무지 이 땅에서 성도의 삶을 완주할 수 없다고 생각하기 때문입니다. 그리고 성경 역시 성도에게 장차 일어날 일을 소망하며, 그 소망으로 이 땅의 성도로서의 삶을 채워 갈 것을 요구하기 때문입니다.

요한계시록은 성경의 마지막 책입니다. 주된 독자는 예수님을 사랑한다는 이유로 수많은 고난을 받는 성도들입니다. 세상의 폭력과 유혹 앞에서 하루하루 신앙생활을 하는 것에 위협을 받는 이들, 그런 와중에도 주를 위해 인내로 믿음을 지키고 있는 성도들을 위해 쓴 책입니다. 하나님은 자신의 백성들을 향해 이미 죽임 당하신 어린양을 보여 주시며, 베푸신 사랑의 크기를 말씀하셨습니다. 그리고 또 이들을 향해 하시는 말씀이 '죽임 당하신 하나님의 어린양'께서 결국에는 백마 탄 승리자로 오신다는 것입니다. 그렇게 오셔서 이 땅의 모든 것을 회복시키시고 이 땅에서 수고한 하나님의 백성들을 알아주시고 채워 주실 것이라 말씀하십니다. 계시록은 결국 하나님 백성이 마지막에 어떤 영광을 누릴지에 대한 '장래의 소망'으로 마무리합니다. 과연 어떤 소망이 있는 것일까요?

재창조인가, 갱신인가

우리가 읽은 본문(1-7절)은 1-5절이 본론이고, 6-7절은 부연 설명입니다. 그런데 본론에 해당하는 1-5절이 약간 특이하게 기록되어 있습니다. "내가 들으니 보좌에서 큰 음성이 나서……"(3절)를 중심으로 위쪽에 있는 문장과 아래쪽에 있는 문장이 서로 비슷한 내용을 담고 있습니다. 성경 해석자들은 이러한 형식을 '동심원 구조'라고 합니다. 우리 언어생활에는 없지만 쓰기와 읽기보다 암기를 더 중요시하는 유대인들에게는 익숙한 구조입니다. 이 방식대로 읽을 때, 1절 상반부와 5절, 1절 하반부와 4절, 2절과 3절 하반부가 같은 주제를 다루고 있는 것을 볼 수 있습니다. 조금 복잡하지만, 설명을 들으면 이해할 수 있을 것입니다. 먼저, 1절과 5절은 마지막 날에 어떤 일이 일어나는지 요한이 보고 들은 내용입니다.

> 또 내가 새 하늘과 새 땅을 보니 처음 하늘과 처음 땅이 없어졌고 바다도 다시 있지 않더라(1절)

> 보좌에 앉으신 이가 이르시되 보라 내가 만물을 새롭게 하노라 하시고 또 이르시되 이 말은 신실하고 참되니 기록하라 하시고(5절)

요한이 눈을 들어 보았을 때, 갑자기 새 하늘과 새 땅이 보였습니다. 그리고 새 하늘과 새 땅이 나타날 때, 처음 하늘과 처음 땅 그리고 바다도 사라져 버렸습니다. 우리는 이 환상을 예수님의 재림의 때에 하나님께서 만드신 창조의 세계가 완전히 불에 타 사라지고 예수님이 가져오실 완전한 세계, 새 하늘과 새 땅이 나타날 것으로 이해합니다. 맞습니다. 예수님이 재림하시면 더 이상 우리가 기록하는 역사는 사라질 것입니다. 그리고 최후 심판이 있어 큰 용과 바다 짐승과 땅의 짐승들, 거짓 선지자와 우리를 유혹하던 음녀의 세력이 끊어질 것입니다. 죄로 말미암아 고통하던 세상은 사라질 것입니다. 그리고 그 이전 세상과 비교할 수 없는 세상이 펼쳐질 것입니다.

로마의 강력한 핍박 속에서 하루하루를 신앙으로 살아가던 초대 교회 성도들에게 참된 위로는 무엇입니까? 힘겨운 그들의 삶과는 비교할 수 없는 세상, 주께서 우리를 위해 준비하신 영광스러운 나라가 있다는 것입니다. 그 나라에 대한 소망이 우리로 하여금 이 땅에서의 삶을 신앙으로 견디고 믿음을 지킬 수 있게 만드는 것입니다. 그 나라에 대한 이야기를 할 때 심장이 두근거리십니까? 영원한 나라, 새 하늘과 새 땅에 대한 기대와 목마름이 있으십니까? 하나님의 통치와 완전하게 임할 나라와 그 나라에 들어갈 확실성이 없다면, 우리는 이 땅에서 결코 하나님의 뜻대로 살 수 없습니다.

그런데 새 하늘과 새 땅에 대해서 오래된 신학적 논쟁이 있습니다. 새 하늘과 새 땅이 현재 우리가 살고 있는 세상과 연속성이 있는지, 아니면 불연속적으로 완전히 끊어진 새로운 것인지에 대한 것입니다. 필요상 '연속성이 있다'는 것을 '갱신'으로, '연속성이 없다'는 것을 '재창조'로 구분해서 설명해 보겠습니다. '재창조'를 주장하는 사람들은 1절을 강조합니다. 처음 하늘과 처음 땅, 그리고 바다가 다시 있지 않다고 했기 때문입니다. 그래서 이 사람들은 이 땅과 하늘과 바다가 다 불에 타 사라져 버리고 하나님께서 준비하신 완전히 새로운 나라가 우리에게 주어진다고 주장합니다. 이 땅과 영원한 나라는 전혀 연결되어 있지 않은 것으로 봅니다.

'갱신'을 주장하는 사람들은 5절을 강조합니다. 보좌에 앉으신 이신 하나님께서 하시는 말씀을 들어 보라고 합니다. "보라 내가 만물을 새롭게 하노라." 여기에 사용된 '새롭게'라는 표현이 다시 창조했다는 것이 아니라 기존에 있던 것들을 고치고 변화시키는 데 쓰는 단어라는 것입니다. 오랜 세월 논쟁이 있었고 지금도 논쟁 중이지만 제가 속해 있는 개혁주의 교단에서는 '갱신'으로 여기고 있으며, 저 역시 갱신, 즉 지금 우리가 사는 세상을 하나님께서 놀랍도록 변화시키는 것으로 이해하고 있습니다.

그렇다면, 1절에서 요한은 왜 마치 이전에 있던 모든 것이 사라지고 완전히 새로운 창조가 일어날 것처럼 기록한 것일까요? 하나님께서 이 땅에 있는 모든 것을 갱신하시는데, 그 고치는 것이 너무나 탁월해서 도무지 이전 것을 알아볼 수가 없을 만큼 변화해 버렸다는 것입니다. 분명히 이전의 하늘과 땅과 사람들이 있습니다. 하나님께서 이 모든 것을 새롭게 고치셨는데 '몰라 볼 만큼 고치셨다'는 것입니다.

어릴 적에 저는 교육 방송에서 '밥 로스'라는 화가가 나와 그림을 그리던 정규 방송을 감동 깊게 봤던 기억이 납니다. 뽀글뽀글 곱슬머리를 한 화가가 꽤 인상 깊었습니다. 이 화가는 매주 다른 사람이 그려 놓은 '그림 같지도 않은 그림'을 들고 나타났습니다. 그리고 그 요상한 그림을 한참을 이리저리 바라봅니다. 그러고는 익살스러운 목소리로 "이 그림 속에는 이런 것들이 있군요"라고 말합니다. 그 말만 들어서도 도무지 화가가 그 요상한 그림 속에서 무엇을 봤는지 알 수가 없습니다. 그리고 화가는 이렇게 말합니다. "자, 한 번 따라해 보세요! 아주 쉽죠." 화가는 붓과 물감으로 그 그림 위에 덧칠을 하기 시작합니다. 그러다 시간이 지나면 제 입에서 감탄이 나옵니다. 분명 원래 있던 그림을 지운 것은 아닙니다. 보잘것없던 그림이 전혀 다른 그림이 된 것입니다. 그때 감탄이 터져 나옵니다. 요상한 그림에서 이토록 아름다운 것을 만들어 내는 화가의 능력에 대해 말입니다.

하나님은 세상을 완전히 폐기 처분하지 않으십니다. 모든 것을 다 태워 버리시고 새로 만드는 것이 어쩌면 더 쉬울 수 있습니다. 그런데 주님은 그렇게 하지 않으십니다. 왜일까요? 이 땅에는 성도들이 살아가며 애쓰고 수고한 흔적들이 남아 있기 때문입니다. 그렇습니다. 부족하고 초라합니다. 그것들이 주님 보시기에는 기쁨이었습니다. 그래서 보존하십니다. 성도들이 꾸린 작은 것들 위에 주께서 새롭게 하시는 능력을 나타내십니다. 우리는 그날에 감탄할 것입니다. 우리가 일군 초라한 것들을 하나님께서 놀랍게 변화시키실 것이기 때문입니다. 그날에 우리는 새 하늘과 새 땅이 우리가 만든 게 아니라고 말할 것입니다. 주님은 우리가 일군 세상으로 만들었노라고 말씀하실 것입니다. 그렇게 성도는 새 하늘과 새 땅을 경험할 날을 바라며 이 땅을 삽니다. 이 영광스러운 자리에 모든 성도가 함께하길 바랍니다.

그 나라에는 바다도 다시 있지 않다

두 번째로 그 나라에 대한 환상을 보면 1절의 하반부와 4절을 통해 "바다도 다시 있지 않다"는 새로운 세상의 특징을 봅니다. 저는 4절 말씀을 정말 좋아합니다.

> 모든 눈물을 그 눈에서 닦아 주시니 다시는 사망이 없고 애통하는 것이나 곡하는 것이나 아픈 것이 다시 있지 아니하리니 처음 것들이 다 지나갔음이러라

저는 장례식에서 꼭 이 구절로 예배를 인도합니다. 이 구절이 이 땅에서 수고하며 지난한 시간을 살았던 고인과 그를 보내는 유족들에게 큰 위로를 주는 말씀이라고 생각하기 때문입니다. 주께서 이 땅에서 흘린 성도의 눈물을 닦아 주십니다. 그 나라에는 사망이나 애통이나 곡하는 것이나 아픈 것이 없습니다. 처음 세상이라 불리는 현재 우리가 사는 곳에서 죄로 인해 생긴 고통들이 사라진 그 나라를 하나님께서 준비해 놓으셨기 때문입니다. 그런데 어떻게 그 나라가 1절의 하반부와 연결되는 것일까요? 고대인들이 생각하던 '바다'에 대한 상징성 때문입니다. 1절 하반부에 보면 "바다도 다시 있지 않더라"라고 합니다. 고대인들에게 바다는 인간이 이해할 수 없는 모든 괴물과 악의 세력이 출몰하는 근원지였습니다. 큰 용의 부름을 받아 바다에서 짐승이 올라왔습니다. 그렇듯 교회를 핍박하는 악의 세력과 성도들을 고통스럽게 하는 죄의 원천이 '바다'라는 단어 속에 들어 있었습니다. 그런데 그 나라에는 그런 '바다가 다시 없다'는 것입니다.

그 나라의 특징을 뭐라고 말하고 있습니까? 눈물도 사망도 애통도 곡하는 것도 아픈 것도 없는데, 단지 증상들만 없는 곳이 아니라 그러한 것들을 만들어 내는 원천인 바다 자체가 없는 곳이라고 말합니다. 이 나라는 아담과 하와가 살았던 에덴과 다릅니다. 에덴은 아름다운 나라였습니다. 정말 보시기 좋은 곳이었습니다. 그러나 그 나라에는 바다가 있었습니다. 인간을 유혹하는 사탄이 들어올 수 있는 나라였고, 인간이 죄를 지을 수 있는 선악을 알게 하는 나무로 가는 길도 열려 있는 나라였습니다. 좋은 곳이지만 파괴될 수 있는 좋은 곳이었습니다. 그런데 새롭게 우리에게 준비된 나라는 어떻습니까? 더 이상 우리를 유혹할 사탄이 나올 바다가 없는 나라입니다. 다시 죄를 지을 수 있는 가능성 자체가 없는 나라입니다. 다시 울거나 죄 지을 가능성이 사라져 버린 나라입니다. 영원토록 행복을 잃지 않는 나라가 이 땅의 성도들에게 오는 그런 날이 있다고 지금 선언합니다.

사랑하는 여러분, 우리는 이 나라를 향해 오늘도 한 걸음 다가갑니다. 우리의 흐르는 눈물을 주께서 친히 닦아 주시는 나라입니다. 다시는 죽음도 없고, 슬피 우는 것도 없고, 소리 내어 고통을 표현하는 일이 없을 것입니다. 다시는 아프지 않을 것입니다. 죄로 인해 깨어진 이 모든 것은 다 지나갔습니다. 그리고 이제 주님과 함께 사는 나라는 그런 고통의 근원인 바다조차 남아 있지 않습니다. 그 나라에 대한 소망이 우리 마음 가운데 있기를 바랍니다.

그 나라에서 누리는 복

여러분, 천국에 가면 가장 좋은 게 무엇일까요? 천국에 대한 간증들을 들어 보면 천국에 있는 좋은 것들을 열거하는 데 정신이 없습니다. 이 땅에서 누리지 못했던 온갖 풍요를 이야기합니다. 맛있는 음식과 멋진 차와 집을 이야기하는 사람들도 있습니다. 그런데 정말 천국이 그런 세상일까요? 이슬람교도가 말하는 천국처럼 70명의 아내가 준비되어 있는 곳, 이 땅에서 누리지 못했던 모든 욕심이 채워지는 곳이 천국일까요? 천국에 대한 간증을 들으면 대부분 등장하는 내용이 천국의 길은 모두 황금이라는 것입니다. 이 황금 길은 계시록에서 새 예루살렘성을 설명하는 내용에도 나옵니다. 그런데 천국의 보도블록이 황금인 이유가 무엇일까요? 천국에서는 황금이

쓸데없습니다. 이 땅에서 돈을 위해 살았던 사람들은 천국의 보도블록을 위해 자신의 생을 다 써 버린 인생들이라는 것을 보여 줍니다. 천국은 우리의 욕심을 다 누릴 수 있는 곳이 아닙니다. 그런 욕심을 가진 사람들이 그 욕심을 그대로 표현하고 채울 수 있는 곳이 천국이라면, 그 천국은 삽시간에 지옥이 되어 버릴 것입니다. 천국이 좋은 것은, 우리가 보기에 좋은 게 많아서가 아닙니다. 그렇다면 성도가 천국을 기다리는 이유는 무엇일까요? 2절을 보겠습니다.

> 또 내가 보매 거룩한 성 새 예루살렘이 하나님께로부터 하늘에서 내려오니 그 준비한 것이 신부가 남편을 위하여 단장한 것 같더라(2절)

하나님께서 새롭게 만들어 놓으신 새 하늘과 새 땅이 있습니다. 새 창조입니다. 그런데 그 새로운 세상으로 한 성이 내려옵니다. '거룩한 성 새 예루살렘'입니다. 나중에 보면 이 성이 얼마나 아름답고, 얼마나 많은 보석으로 치장되어 있으며, 그 성 안에 어떤 것들이 있는지에 대한 묘사가 나옵니다. 21장 하반부를 나중에라도 꼭 찬찬히, 마음에 그리며 읽어 보시면 좋겠습니다. 천국에 가 봤다고 주장하는 사람들은 '이 거룩한 성 새 예루살렘'을 우리가 가서 볼 천국의 모습이라고 합니다. 저는 그런 간증을 신뢰하지 않습니다. 성경적 근거가 없기 때문입니다. 셋째 하늘에 올라간 적 있는 바울조차도 천국에 대한 간증으로 복음을 전하지 않은 것을 생각할 때, 천국에 대한 간증은 영혼을 구원하는 데 전혀 쓰임이 없으며 하나님이 주신 전도 방법도 될 수 없다고 생각합니다. 계시록이 가진 장르의 특성상 이 본문 역시 문자적으로 풀면 안 됩니다. 이 하늘에서 내려온 새 예루살렘성이 상징하는 것이 있습니다. 여기 새 예루살렘은 정확하게 이 땅에서 하나님의 신부로 준비된 교회 공동체, 또는 성도 한 사람 한 사람을 지칭합니다.

우리는 계시록 19장에서 어린양의 혼인 잔치에 대해 나눴습니다. 혼인 잔치의 신랑은 예수님이셨습니다. 그리고 신부는 누구입니까? 예수님을 바라보며 순결함으로 자기를 지킨 이 땅의 교회였습니다. 그런데 오늘 본문 2절에서도 동일한 표현이 나옵니다. 하늘에서 내려오는 새 예루살렘은 마치 "신부가 남편을 위하여 단장한 것" 같은 모습으로 묘사됩니다. 어린양의 혼인 잔치 모습이 더 큰 그림 속에서 재현된 것입니다. 신랑이 준비해 놓은 결혼식장이 '새 하늘과 새 땅'입니다. 신랑이신 주께서 지금 새 땅에 서 계십니다. 그리고 자신을 잘 단장한 신부인 교회가 새 예루살렘성이라는 이름을 가지고 새 땅으로 내려옵니다. 새 예루살렘성에 대한 수많은 묘사는 무엇을 의미할까요? 끝까지 주님을 사랑하는 교회 공동체가 얼마나 아름답고 영광스러운지를 보여 주는 상징적 묘사입니다.

그렇게 교회인 성도가 하나님께서 준비하신 나라에 들어갔을 때 어떤 일이 일어납니까?

> ……하나님의 장막이 사람들과 함께 있으매 하나님이 그들과 함께 계시리니 그들은 하나님의 백성이 되고 하나님은 친히 그들과 함께 계셔서(3절)

3절의 강조점이 무얼까요? 하나님께서 그들과 '함께 계신다'입니다. 장막을 덮으십니다. 날개로 덮으시고, 팔로 안으십니다. 하나님께서 이 땅에서 믿음의 선한 싸움을 싸우고 올라온 성도들을 온몸으로 품어 안으십니다. 그리고 그분께서 완전히 우리와 하나가 되십니다. 주님의 팔이 강력하게 나를 껴안으시므로 그분에게서 나를 떼어 놓을 수 없게 됩니다. 그때 우리는 그분의 품에 안겨 하염없이 울며 왜 이제야 안아 주시냐고 투정할지도 모릅니다. 이 땅에서 쌓였던 모든 억울한 심정을 다 토로할 것이며, 주께서 우리를 쓰다듬어 주실 것입니다.

초대 교회 성도들이 가장 힘들었던 것은 무엇일까요? 눈에 보이는 고통이나 겪고 있는 어려움들도 그들을 힘들게 했습니다. 또한 막막해 보이는 내일도 고통이었습니다. 그러나 그들을 가장 힘들게 한 것은 '정말 이 길 끝에 주님이 계실까'였을 것입니다. 어떻게 아냐고요? 제가 그렇기 때문입니다. 어려움이 계속되면, 믿음으로 살고 있음에도 불구하고 믿음의 열매가 보이지 않는 시간이 길어지면, 아니 점점 더 상황이 나빠지면 사람들 앞에서는 "믿음이 있노라"라고 선포하며 당당하고 씩씩하게 살 것 같지만 실상은 속에서 불현듯 찾아오는 의심이 있습니다. '정말 주님이 계신가? 주님이 날 알고 계실까? 주께서 약속하신 장래의 소망으로 나를 이끄실까?' 믿음은 보이지 않는 것을 있는 것으로 끝까지 바라보는 것입니다. 그래서 끝까지 믿음을 붙들고 사는 것은 쉽지 않습니다. 그런데 그날에 그곳에 갔을 때, 우리를 꼭 끌어안으시며, "나 여기에 있다. 이제는 널 놓지 않겠다. 이제 안심하여라"라고 말씀하신단 말입니다. 그때에 우리는 매정하신 주님의 가슴을 치며 울지도 모릅니다. 그러다 행복하고 감사해서 주님을 끌어안을 것입니다.

끝까지 이기는 자가 되라

처음 하늘과 처음 땅을 새 하늘과 새 땅으로 새롭게 하신 하나님께서 이 세상에서 믿음으로 살았던 성도들에게 다가오셔서 온몸으로 끌어안아 주셨습니다. 여기서 끝나면 얼마나 좋을까요? 지금 계시록을 읽는 성도들은 천국에 이미 들어간 성도들가 아니라 아직 이 땅에서의 시간을 보내야 하는 성도들입니다. 새 하늘과 새 땅, 새 예루살렘 이야기는 정말 근사합니다. 예수님이 우리를 안아 주시며 우리의 눈물을 씻기시는 것은 너무나 아름다운 이야기이지만 아직 우리의 이야기는 아닙니다. 그럼 어떻게 해야 할까요? 주님은 '이기는 자가 되라'고 요구합니다.

> 또 내게 말씀하시되 이루었도다 나는 알파와 오메가요 처음과 마지막이라 내가 생명수 샘물을 목마른 자에게 값없이 주리니 이기는 자는 이것들을 상속으로 받으리라 나는 그의 하나님이 되고 그는 내 아들이 되리라(6-7절)

하나님께서 말씀하십니다. "내가 다 이루었다. 나는 이 땅 모든 것들의 시작이며 마지막이다. 그런 내가 너희에게 생명수 샘물을 값없이 마시게 하겠고, 너희를 나의 상속자와 자녀로 삼겠다." 이것은 절대적인 약속입니다. 값없이 생명수를 주고 우리를 자녀 삼겠다는 약속을 "반드시 내가 이루겠다"고 하십니다. 주님의 약속이 중요합니다. 이 땅의 성도는 자기 스스로도 자신을 믿을 수 없기 때문입니다. 도대체 이 환난에서 어떻게 내가 믿음을 지킬 수 있을지 스스로도 자신이 없습니다. 그때 주님께서 "나는 알파요 오메가이며 처음이며 끝이다. 이런 내게 너를 건지기로 작정했으니 너는 반드시 건져질 것이다. 그러니 두려워하지 말고 끝까지 내 옆에 있기만 하여라"고 이렇게 말씀하시는 것입니다.

그렇다면, 어떻게 이기는 자가 될 수 있을까요? 본문에 보면 이기는 자에게는 한 가지 특징밖에 없습니다. 주님이 생명수 샘물을 주시는데 '목마른 자'에게 주신답니다. 생명수 샘물을 마실 자는 바로 '이 생명수에 목마른 자'입니다. 주께서 이 땅의 교회에 요구하시는 한 가지는 바로 목마름입니다. 다른 것으로 목마름을 해결하면 안 됩니다.

난파된 배에서 구조된 사람들의 이야기를 들어보면, 가장 힘들었던 것은 배고픔보다 목마름이라고 합니다. 언뜻 들으면 이해가 안 됩니다. 사방이 물인데 목마르다고? 그러나 바닷물을 마시면 염분으로 인해 심한 갈증이 찾아옵니다. 결과적으로 물을 끊임없이 마시다 죽게 됩니다. 그래서 사방이 물이어도 물을 마실 수 없는 것입니다. 저는 이 말씀을 읽는 중에 난파된 배에서 구조된 사람들의 이야기가 떠올랐습니다. 우리가 사는 세상에는 우리의 목마름을 해소해 줄 것 같은 것들이 가득합니다. 조금만 머리를 쓰면, 이런 목마름이 끝날 것 같습니다. 그런데 주님은 우리를 향해 말씀하십니다. "너는 그 목마름 속에서 내가 주는 생명수 샘물 이외에는 다른 걸 마시면 안 된다. 내가 주는 이 물만이 생명수 샘물이다. 너는 이 땅에서 '그 목마름'을 유지한 채 살아야 한다"라고 말씀하십니다.

말씀을 맺습니다. 계시록에서 '이기는 자'는 세상이 말하는 높이 올라가는 자나 싸움을 잘하는 자를 말하는 것이 아닙니다. 또 어떠한 종교적인 업적을 쌓았느냐를 묻는 것도 아닙니다. '교회를 몇

개 지었느냐? 몇 명을 전도했느냐? 얼마나 많은 선교사를 파송했느냐? 돈을 얼마나 벌었느냐? 얼마나 봉사 했느냐?'가 아닙니다. '이기는 자'는 목마름을 해결할 수 있다고 유혹하는 거짓 물이 넘치는 세상 속에서 주님만이 주실 수 있는 참된 생명수 샘물을 기다리며, 타는 목마름으로 주님이 오시기를 '기다리는 사람들'입니다.

황제의 금 신상에 절하지 않습니다. "조금만 타협하면 편해질 거야"라고 말하는 세상에 타협하지 않습니다. 어린양이 어디로 가든지 그 어린양의 뒤를 따릅니다. 그렇게 살다 보니 몸에 밴 것이 '타는 목마름'입니다. 그 나라에 대한 간절한 소망의 갈증입니다. 주님의 자녀의 가장 기본적인 자질은 바로 이 목마름에도 불구하고 다른 물을 마시지 않고 버티는 것입니다. '장래의 은혜'를 믿고 주께서 그날에 나의 목마름을 해소해 주실 것을 알기에 다른 것을 입에 대지 않고 끝까지 기다리며 살아가는 사람, 바로 그 사람들이 '이기는 자'입니다.

주께서 우리를 지켜 주시길 기도합니다. 수많은 지뢰를 통과하여 주님 앞까지 나아갈 수 있기를 구합니다. 주께서 우리를 포기하지 않으심으로, 우리로 생명수를 마시는 복된 자리까지 나아가게 해 주시기를 구합니다. 그리고 주의 손 붙들고 이 땅에서는 '타는 목마름'을 가지고 주님이 주시는 생명수 샘물을 바라보며 계속해서 믿음의 걸음을 옮겨 놓는 우리 모두가 되기를 축원합니다.

소망의 복음, 요한계시록

초판 발행 2018년 10월 5일
초판 5쇄 2025년 7월 10일
지은이 조영민
발행인 손창남
발행처 (주)죠이북스(등록 2022. 12. 27. 제202-000070호)
주소 02576 서울시 동대문구 왕산로19바길 33, 1층
전화 (02) 925-0451 (대표전화)
(02) 929-3655 (영업팀)
팩스 (02) 923-3016
인쇄소 (주)진흥문화
판권소유 ⓒ죠이북스
ISBN 978-89-421-0395-9 03230

책값은 뒤표지에 있습니다.
잘못된 도서는 교환하여 드립니다.
이 책 내용을 허락 없이 옮겨 사용할 수 없습니다.